── 中国孩子的汉字启蒙书 ──

汉字！汉字！
汉字原来如此
会说话的字

小豆丫 编绘

华夏出版社
HUAXIA PUBLISHING HOUSE

图书在版编目（CIP）数据

汉字！汉字！汉字原来如此.会说话的字/小豆丫编绘．--北京：华夏出版社，2018.7
ISBN 978-7-5080-9453-3

Ⅰ．①汉…　Ⅱ．①小…　Ⅲ．①汉字－少儿读物　Ⅳ．①H12-49

中国版本图书馆CIP数据核字（2018）第057451号

汉字！汉字！汉字原来如此：会说话的字

编　　绘	小豆丫
策划编辑	杨小英
责任编辑	杨小英
责任印制	顾瑞清

出版发行	华夏出版社
经　　销	新华书店
印　　装	三河市万龙印装有限公司
版　　次	2018年7月北京第1版　　2018年7月北京第1次印刷
开　　本	720×1030　　1/16开
印　　张	10
字　　数	100千字
定　　价	36.00元

华夏出版社　网址：www.hxph.com.cn　地址：北京市东直门外香河园北里4号　邮编：100028
若发现本版图书有印装质量问题，请与我社营销中心联系调换。电话：（010）64663331（转）

前 言
每个孩子都应该有一本汉字书

1

古人说:"物有本末,事有终始,知所先后,则近道矣。"世间的诸多学问,没有人是生而知之的,从小小的孩童到大大的学问家,从无知的懵懂到清楚的洞达,都需要一步步地从头学习。要学习,就不得不认识字,识字是孩子们成长中最可贵的技能。

2

汉字虽然是象形文字,但是在演变过程中,却渐渐失去了原来的形状,看起来不那么象形了。因此孩子学起来会有难度,也不容易提起兴趣。为了方便孩子们的学习,《汉字!汉字!汉字原来如此》将汉字的演变作了梳理,从汉字最初的形象入手,让孩子们看到形状就能认得汉字。

3

《汉字!汉字!汉字原来如此》共收入375个汉字,根据"六书"原理(象形、指事、会意、形声、转注、假借),同时根据现代汉字结构规律,分为五册。选取了该字的甲骨文、金文、小篆、楷书,揭示汉字的诞生、演化过程;同时选取了经典的汉字故事,包含历史故事、神话传说、文化习俗,最后是汉字密码。书中的每一个汉字都是一幅美丽的画,都有一个动人的故事。

4

《汉字!汉字!汉字原来如此》是这样一本书:

第一,必学。375个汉字,都是义务教育阶段孩子必须掌握的汉字。

第二，形象。配以甲骨文字字形的精美插图，以及该字的演变图，孩子只需用擅长的形象思维来学习汉字即可，不容易失去学习的兴趣。

第三，有趣。并非枯燥的文字讲解，汉字知识与趣味故事完美结合，让孩子了解汉字文化，掌握汉字精髓！

第四，深入。因为展现了汉字演变的过程，同时以通俗的语言解释了其意义的变化，因此，孩子能更深入地理解每个汉字的意义。

第五，权威。以《汉语大字典》《古文字诂林》《甲骨文编》《甲骨文字典》《甲骨文字诂林》《金文编》《金文大字典》《说文解字》等为参考资料，选编字形。

5

汉字生生不息，中华文明薪火相传。每一个汉字的演变，都有一个故事、一种情怀。让孩子们看懂中国字，读懂中国心，体会汉字的温度，领略真正的汉字之美，让孩子学会用温暖的心去阅读，学会感受中国的汉字文化，并为之自豪。让孩子们都做堂堂正正的中国人！

6

需要说明的是：书中所选取的历史故事、寓言、神话故事等因为中国地域广阔、民族众多，再加上口耳相传的方式，使这些故事的面貌呈现多样化，流传下来的版本略有不同或相去甚远，同一神话形象在不同的版本中也有不同的故事和身份。所以，在整理编排的时候，我们查阅了大量的古籍资料，以最原始版本为底本，辅以重要参考文献，选取最真实、经典的版本。当然，即使这样，书中难免也存在不妥之处，敬请广大读者批评指正。

目录

◎ 一 ……… 2
◎ 二 ……… 4
◎ 三 ……… 6
◎ 四 ……… 8
◎ 七 ……… 10
◎ 八 ……… 12

◎ 十 ……… 14
◎ 个 ……… 16
◎ 百 ……… 18
◎ 千 ……… 20
◎ 上 ……… 22

◎ 下 ……… 24
◎ 中 ……… 26
◎ 太 ……… 28
◎ 天 ……… 30
◎ 少 ……… 32
◎ 入 ……… 34

◎ 本 · · · · · · · · 36
◎ 末 · · · · · · · · 38
◎ 朱 · · · · · · · · 40
◎ 生 · · · · · · · · 42
◎ 屯 · · · · · · · · 44
  垂 · · · · · · · · 46
◎ 失 · · · · · · · · 48

◎ 叉 · · · · · · · · 50
◎ 与 · · · · · · · · 52
◎ 勺 · · · · · · · · 54
◎ 甘 · · · · · · · · 56
  匆 · · · · · · · · 58
◎ 允 · · · · · · · · 60

◎ 尺 · · · · · · · · 62
  寸 · · · · · · · · 64
◎ 旦 · · · · · · · · 66
◎ 夕 · · · · · · · · 68
  卓 · · · · · · · · 70
◎ 兀 · · · · · · · · 72

◎ 乔 · · · · · · 74
◎ 非 · · · · · · 76
◎ 丑 · · · · · · 78
◎ 牟 · · · · · · 80
◎ 牵 · · · · · · 82
◎ 并 · · · · · · 84

◎ 方 · · · · · · 86
◎ 片 · · · · · · 88
◎ 世 · · · · · · 90
◎ 旬 · · · · · · 92
◎ 回 · · · · · · 94
◎ 亘 · · · · · · 96
◎ 引 · · · · · · 98

◎ 至 · · · · · · 100
◎ 刃 · · · · · · 102
◎ 勿 · · · · · · 104
◎ 兵 · · · · · · 106
◎ 王 · · · · · · 108
◎ 乍 · · · · · · 110

◎ 必 ‥‥‥‥ 112
◎ 辛 ‥‥‥‥ 114
◎ 戈 ‥‥‥‥ 116
◎ 介 ‥‥‥‥ 118
◎ 甲 ‥‥‥‥ 120
◎ 乏 ‥‥‥‥ 122

◎ 氏 ‥‥‥‥ 124
◎ 亏 ‥‥‥‥ 126
◎ 币 ‥‥‥‥ 128
◎ 丹 ‥‥‥‥ 130
◎ 示 ‥‥‥‥ 132
◎ 丸 ‥‥‥‥ 134

◎ 冰 ‥‥‥‥ 136
◎ 疆 ‥‥‥‥ 138
◎ 凶 ‥‥‥‥ 140
◎ 歹 ‥‥‥‥ 142
◎ 卒 ‥‥‥‥ 144
◎ 匀 ‥‥‥‥ 146
◎ 幻 ‥‥‥‥ 148
◎ 逆 ‥‥‥‥ 150

会说话的字

1 一

字里乾坤

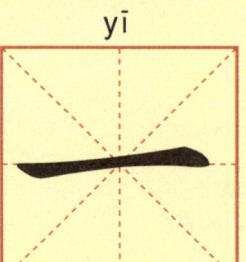

yī

趣话汉字

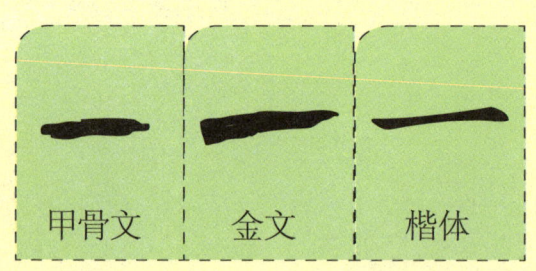

| 甲骨文 | 金文 | 楷体 |

一,指事字。从甲骨文到现代字形,"一"的字形并未有太大改变,都是用横向的一笔来代表抽象的意义,比较简单。"一"是一个抽象符号,既代表最为简单的起源,也代表最为丰富的混沌整体。

汉字故事

一鸣惊人
yī míng jīng rén

传说楚庄王当政三年，在处理朝政方面没有任何作为。有一个担任右司马官职的人暗示楚庄王，说："臣见到过一种鸟，它落在南方的土山上，三年不展翅，不飞翔，也不鸣叫，沉默无声，大王说这只鸟叫什么名字呢？"

楚庄王知道右司马是在暗示自己，就说："这种鸟三年不展翅，是在生长羽翼；不飞翔、不鸣叫，是在观察民众的态度。这只鸟虽然不飞，一飞必然冲天；虽然不鸣，一鸣必然惊人。你放心吧，我明白你的意思了。"

果然，楚庄王开始亲自处理政务，废除了十项不利于楚国发展的法令，推行了九项有利于楚国发展的法令，诛杀了五个贪赃枉法的大臣，起用了六位隐士当官参政，把楚国治理得很好。

这就是成语"一鸣惊人"的出处，比喻平时没有好的表现，却突然做出惊人的成绩。

知识密码

东皇太一——

东皇太一出自屈原《九歌》，是《九歌》中的太阳神，也即最高的天神。战国时期，楚国人认为自己是太阳神的后裔，于是把太阳神当作最强大的天神来祭祀。

2 二

字里乾坤

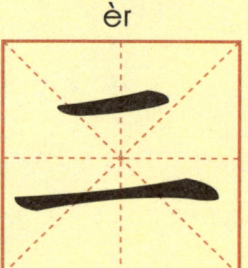

趣话汉字

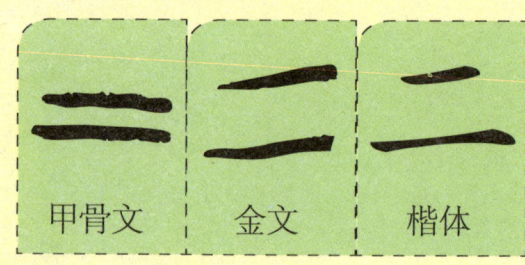

甲骨文　金文　楷体

　　二，指事字。甲骨文的上面一横表示天，下面一横表示地。所以，"二"就是天地两极的意思。之后的字形都继承甲骨文字形，基本没有什么变化。"二"与"一"是同类字，其实就是指由混沌分出的天地两极，后来又引申为表示数目的数词。

汉字故事

二桃杀三士
èr táo shā sān shì

春秋时期,齐景公养了三个大力士,因为他们不懂得君臣大义和朝廷礼仪,以至于众大臣及齐景公对他们产生了反感,想除掉他们。晏子给齐景公出了个计策,赐给三个大力士两个鲜桃,让他们比功劳,谁的功劳大谁吃。

大力士公孙接说:"当年主公在狩猎时遇到两只猛虎,我将它们擒杀,才救得主公一命。立了这样的功劳,我完全可以独自吃一个鲜桃。"说着抓起一个鲜桃。大力士田开疆说:"当年主公被敌军围困,我一人手持兵器两次打退敌军,才救出主公。立了这样的功劳,我也可以独自吃一个鲜桃!"说完,他也抓起一个鲜桃。

另外一个大力士古冶子说:"我曾经跟随君王渡黄河,一只鼋(yuān)鱼咬住车子左边那匹马,把它拖进砥(dǐ)柱山下的漩涡里,我就潜入河水下面,擒获鼋鱼而杀死它。我也可以单独吃一个鲜桃!"说着,古冶子抽出剑来,拉开决斗的架势。大力士公孙接、田开疆说:"我们的勇武不如你,功劳赶不上你。我们毫不谦让地抓起鲜桃,是贪婪的表现。既然都这样了,如果我们还不死,是太不知羞耻了!"两人放下鲜桃自杀了。

古冶子说:"你们都死了,难道我会独活吗?"说完也自杀了。

知识密码

首阳二子——

伯夷、叔齐是孤竹国君的两个儿子,武王讨伐商纣时,伯夷、叔齐勒住武王的马缰谏诤,武王没有听。等到武王平定殷纣之后,伯夷、叔齐以做周的臣民为耻,不吃周的米粮,后来饿死了。

3. 三

字里乾坤

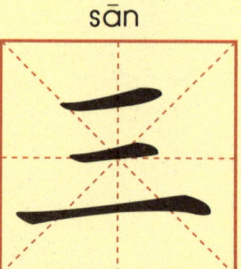

sān

趣话汉字

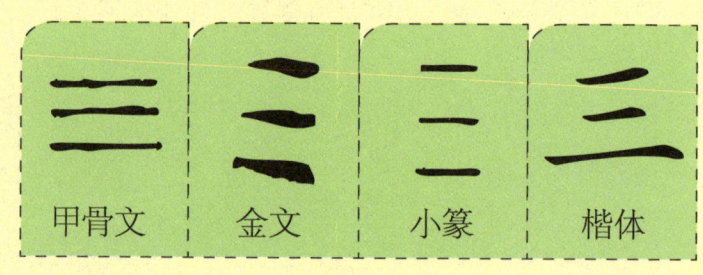

| 甲骨文 | 金文 | 小篆 | 楷体 |

三，指事字。甲骨文字形上面的一横代表"天"，下面的一横代表"地"，中间的一横代表"人"。金文和篆文继承甲骨文字形，基本没有什么变动，沿用至今。"三"的本义是指衍生万物的天、地、人，后来又引申为表示数目的数词。

汉字故事

三人成虎 (sān rén chéng hǔ)

战国时期，魏国有个大臣叫庞恭，魏王派他与太子同去赵国都城邯(hán)郸(dān)做人质。庞恭担心自己走后魏王不再信任他，在临行前特地到王宫里对魏王说："大王，如果有人向您说，街市上有老虎，您相信吗？"魏王立刻回答说："我当然不相信。"

庞恭接着问："如果第二个人也向您禀报说，街市上有老虎，您相信不相信？"魏王迟疑了一下说："我将信将疑。"庞恭又问："要是第三个人也向您报告说，街市上有老虎，您相信吗？"魏王一边点头一边说："我相信了。"

于是，庞恭说："街市上本没有老虎，但如果三个人都说那里有老虎，人们便信了。如今我陪太子去邯郸，那里与我们魏国都城大梁的距离，比王宫到街市的距离要远得多，在背后议论我的，恐怕也不止三个人。所以希望大王今后对这些议论明察，不要轻易相信。"魏王坦然地说："我明白你的意思了，你放心地陪公子去吧。"

庞恭去了赵国不久，果然有人在魏王面前说他坏话。开始魏王不信，后来说他坏话的人多了，魏王也就相信了。在太子结束人质生活回国后，魏王就再也没召见过他，也不再重用他了。

知识密码

唐三彩——

唐三彩是一种盛行于唐代的陶器，已有1300多年的历史。它吸取了中国国画、雕塑等工艺美术的特点，采用堆贴、刻画等装饰手法，线条粗犷有力。

4 四

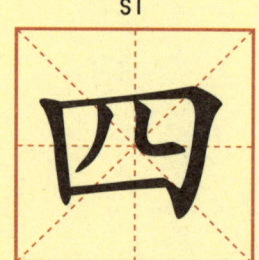

字里乾坤

sì

趣话汉字

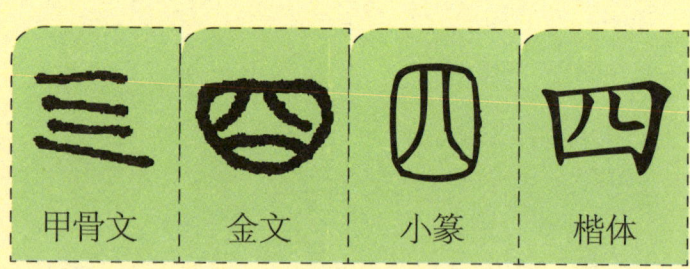

| 甲骨文 | 金文 | 小篆 | 楷体 |

四，指事字。甲骨文就是以四条横线表示"四"。金文变形较大，四条线的字形不见了，倒变成了像鼻子出气的样子，指事的意味渐渐淡去。随着演变，篆文又在金文的基础上去掉了里面的一横，渐渐变成了我们今天看到的"四"。

汉字故事

四面楚歌

楚汉相争之时,项羽的军队驻扎在垓(gāi)下,刘邦、韩信、彭越的军队将他们围了好几层,项羽手下的士兵越来越少,粮食也吃没了。

这天夜晚,项羽在帷帐中休息,突然听到四周都在唱着楚地的歌谣,他不禁大惊失色:"难道汉军把楚地都占领了吗?不然,为什么会有这么多楚人呢?"

项羽出帐一看,士兵们听着楚歌,目光闪烁,都有些伤感。他不禁叹了一口气,到军帐中喝酒。回想过去,有美丽的虞(yú)姬常陪在身边,有宝马乌骓(zhuī)常骑在胯下。而今,自己却被逼至垓下,四面楚歌环绕,恐怕是走到了绝路。

他看着身边的虞姬,慷慨悲歌,作诗道:"力拔山兮气盖世,时不利兮骓不逝。骓不逝兮可奈何!虞兮虞兮奈若何!"他唱了一遍又一遍,虞姬也同他一起唱。项羽泪流数行,身边的士兵也都哭了,没有谁能抬起头来看他。

知识密码

初唐四杰——

"初唐四杰"是中国唐代初期四位文学家王勃、杨炯、卢照邻、骆宾王的合称,简称"王杨卢骆"。

5. 七

字里乾坤

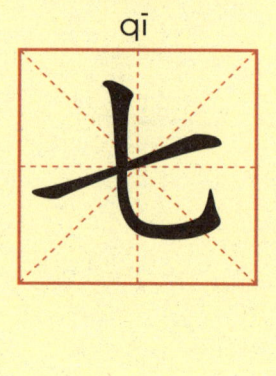

趣话汉字

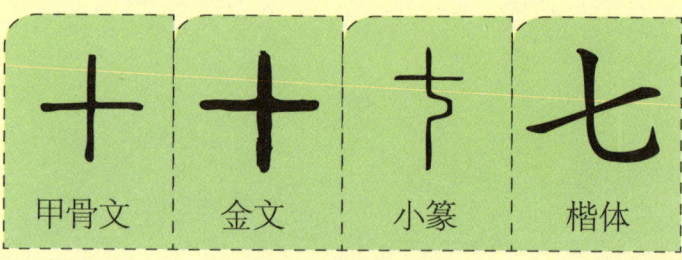

| 甲骨文 | 金文 | 小篆 | 楷体 |

　　七，指事字。甲骨文字形像是横切一刀、竖切一刀的样子。所以，"七"就是切的意思，只是到后世被借为数字用了。金文继承甲骨文字形。到了篆文，为了区别于"十"，便将字形里的竖笔进行了转折，最终形成了我们今天看到的字形。

汉字故事

七夕节 (qī xī jié)

很久以前，有个忠厚的小伙子，跟着哥哥、嫂子度日。一年秋天，嫂子逼他去放牛，给了他九头牛，却让他等有了十头牛时才能回家。牛郎很发愁，后来在一位老人的帮助下，他才得到一头老牛。后来，嫂子要害牛郎，都被老牛设法相救，嫂子最后把牛郎赶出家门，牛郎只要了那头老牛相随。

一天，天上的织女和诸仙女一起下凡到河里洗澡，牛郎在老牛的帮助下认识了织女，二人互生情意，织女便留在凡间，做了牛郎的妻子。他们生了一男一女，一家人生活得很幸福。但是，很快，得知消息的王母娘娘亲自下凡来，强行把织女带回天上。

老牛告诉伤心的牛郎，在它死后，可以用它的皮做成鞋，穿着就可以上天。牛郎按照老牛的话做了，他拉着自己的儿女，一起上天去追织女，眼看就要追到了，岂知王母娘娘拔下头上的金簪一挥，一道波涛汹涌的天河就出现了，牛郎和织女被隔在两岸，只能相对哭泣。他们的忠贞爱情感动了王母娘娘，于是只好允许他们在每年七月七日相会。相会时，由喜鹊搭桥。

后来，每到农历七月初七，人们都会纪念牛郎和织女，就形成了七夕节。

知识密码

建安七子——

建安七子，是东汉建安年间七位文学家的合称，包括孔融、陈琳(lín)、王粲(càn)、徐干、阮瑀(yǔ)、应玚(yáng)、刘桢(zhēn)。

6 八

字里乾坤

bā

趣话汉字

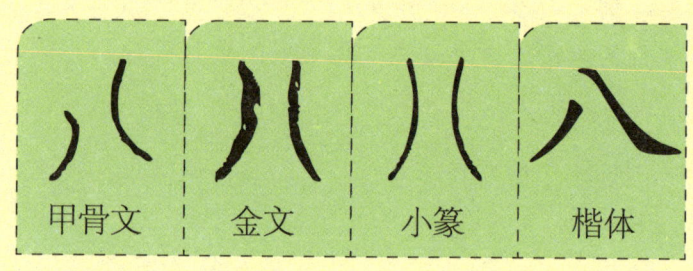

| 甲骨文 | 金文 | 小篆 | 楷体 |

八，指事字。甲骨文用相背的两条弧线作为指事符号，表示物体被分离为两部分的意思。金文、篆文承续甲骨文字形。最后到了楷书，就直接写成了一撇一捺。"八"就是"分"，只是这个意思现在已经消失，只作为数字使用。

汉字故事

八拜之交 (bā bài zhī jiāo)

宋代邵伯温的《邵氏闻见录》中有这样一段故事：

文彦博听说李稷(jì)待人十分傲慢，心中非常不快，对人说："李稷的父亲曾是我的门人，按辈分他应该是我的晚辈，他如此傲慢，我非得教训他不可。"

有一次，文彦博任北京守备，李稷听说后，便上门来拜谒(yè)。文彦博故意让李稷在客厅里等，过了好长时间才出来接见他。见了李稷之后，文彦博说："你的父亲是我的朋友，你就对我拜八拜吧。"李稷的辈分低，不敢造次，只得向文彦博拜了八拜。

成语"八拜之交"就来自这个典故。后来，人们就用"八拜之交"来表示世代有交情的两家子弟谒见对方长辈时的礼节，旧时也称异姓结拜的兄弟。

知识密码

才高八斗——

谢灵运曾经说："天下有一石（也就是十斗）的才能，曹植占去了八斗，而我自己得到了一斗，剩下的一斗被天下其他的人分走了。"后世就以才高八斗形容非常有才能。

7. 十

字里乾坤

shí

十

趣话汉字

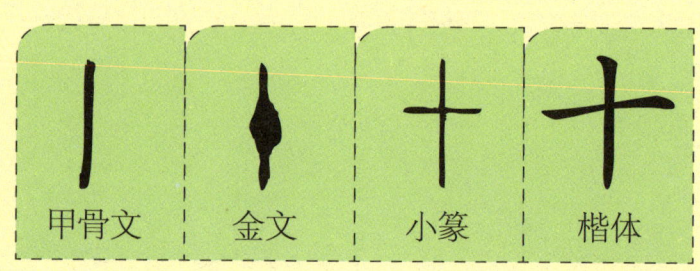

| 甲骨文 | 金文 | 小篆 | 楷体 |

十，指事字。中国古代往往以一掌代表"十"，甲骨文字形正是一掌的侧视图。金文也是掌的侧视图，中间宽一点。到了篆文，中间变成了一横，也就是现在看到的"十"字。"十"是一个完备的数，我们常说"十全十美"，也就是说一切十分完满。

汉字故事

金陵十二钗
(jīn líng shí èr chāi)

金陵十二钗,是中国古典小说《红楼梦》中最优秀、最薄命的十二位清净女儿。

"金陵"是地名,"钗"指清净女儿,太虚幻境薄命司以十二个为一组将贾府上、中、下三等女子编成正、副、又副三册。警幻仙子道,"即贵省中十二冠首女子之册,故为正册","(副、又副)则又次之"。第五回中完整出示了黛(dài)、钗、元、探、湘、妙、迎、惜、凤、巧、纨、秦十二位正册女儿名单,副册仅出示香菱一位,又副册出示晴雯、袭人二位,剩下副册十一位、又副册十位的空白让读者自去填补。

作为有史以来最出色的一部以歌颂女儿美和伤悼女儿悲剧为最高主题的小说,《红楼梦》塑造的金陵十二钗成为经典艺术群像,在世界文学史上成为一道亮丽风景,具有永恒的艺术生命。

知识密码

十方——
　　指东、西、南、北、东南、西南、东北、西北、上、下十个方位。

8 个

字里乾坤

gè

趣话汉字

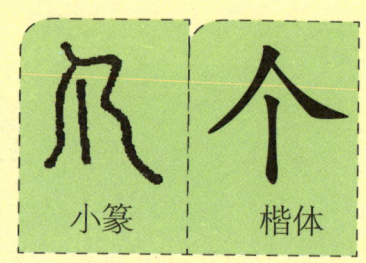

小篆　　楷体

个，指事字。篆文字形像是一个人，中间的一竖是指事符号，表示是站着的一个人。楷书继承金文字形，不过字形有了变化，像是"竹"的一半。"个"就是指单独的人，或者是竹钉等小物件，还可以做量词，比如一个桃子、两个杯子。

汉字故事

三个臭皮匠，赛过诸葛亮

东汉末年，在赤壁之战中，诸葛亮发挥自己的聪明才智，应周瑜的造箭要求，想出了"草船借箭"这条计谋。当日，诸葛孔明算准了时机，便命身边的三个随从在二十艘小船两边插上草靶子，然后再用布幔（màn）掩盖。这三个随从完成任务后，回报军师，并提出这样布置恐怕会让曹军看出破绽。三人心中有一计，但没有说，只说明天安排好了领军师看。

第二天，只见每艘小船的船头都立着两三个稻草人，套着皮衣、皮帽，看起来就像真人一样。后来，曹军看到上面的稻草人，以为是真人，就中了计。多亏三个随从的计谋，诸葛亮的计划才没有被发现。

因为这件事，民间就有"三个臭皮匠，赛过诸葛亮"这句话。"皮匠"实际是"裨（pí）将"的谐音，"裨将"在古代是"副将"的意思，这句俗语原意是指三个副将的智慧合起来能顶一个诸葛亮。后来，在流传过程中，人们竟把"裨将"说成了"皮匠"。

知识密码

个体工商户——

个体工商户，是指有经营能力并依照《个体工商户条例》的规定经工商行政管理部门登记，从事工商业经营的公民。个体工商户只能经营法律、政策允许个体经营的行业。

9. 百

字里乾坤

bǎi

百

趣话汉字

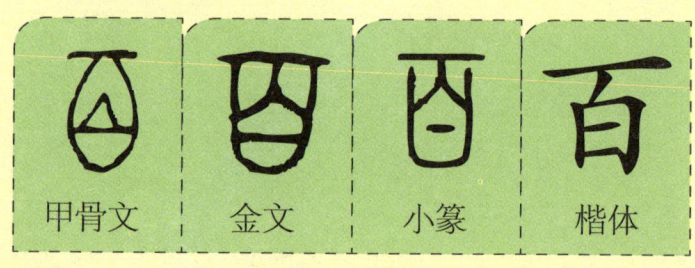

| 甲骨文 | 金文 | 小篆 | 楷体 |

百，指事字。甲骨文的下部是个"白"字，本义是"从日出开始"，上面的"一"是指事符号，表示从日出开始计刻，到下一个日出时，正好计满100刻。随着演变，该字变化不大，依旧是上"一"下"白"的字体。

汉字故事

百发百中 (bǎi fā bǎi zhòng)

苏厉是战国时期从事政治外交活动的谋士。有一次，他听说秦国大将白起将要带兵攻打魏国都城大梁，就对周王说："白起这几年打败过韩、赵等国，夺取了许多土地。现在他将要带兵攻打大梁，大梁一旦被白起攻下，周王室就危险了！您应当想办法阻止白起出兵。"于是周王派苏厉前往秦国。

苏厉对白起说："从前，楚国有一个人叫养由基，是一个射箭能手，他距离柳树一百步放箭射击，每箭都射中柳叶的中心，百发百中，左右看的人都说射得很好，可是一个过路的人却说：'这个人，可以教他该怎样射箭了。'养由基听了这话，心里很不舒服，就说：'大家都说我射得好，你竟说可以教我射了，你为什么不来替我射那柳叶呢！'那个人说：'我不能教你伸直左臂持弓，弯曲右臂引弓持箭，不过你有没有想过，你射柳叶百发百中，但是却不善于调养气息，等一会儿疲倦了，一箭射不中，就会前功尽弃。'"

讲完这段故事，苏厉把话题拉回来说："你已经打败了韩、赵等国，取得了许多土地，功劳很大。现在，又要派你带兵出关，经过周王室的所在地去进攻大梁，如果这一仗不能取胜，就会前功尽弃。你不如说自己生病，不要出兵为好。"白起不听，仍然率兵攻打魏国。

知识密码

《百家姓》——

旧时流行的蒙学课本之一。北宋时编，不著作者姓名。集姓氏为四言韵语，以便诵读。为尊国姓，以"赵"姓为首。明代有《皇明千家姓》，改以"朱"姓居首。清康熙时有《御制百家姓》，又以"孔"姓居首。

10 千

字里乾坤

趣话汉字

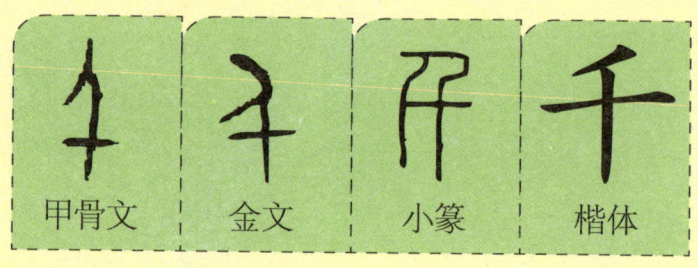

| 甲骨文 | 金文 | 小篆 | 楷体 |

千，指事字。甲骨文字形的中间是一个人形，下部附加了一个短横，是个指事符号，用来表示数目，以别于"人"字。金文和篆文继承甲骨文字形。到了楷书，变化较大，"人"形消失，字形定型。"十百为千"，千是一个比较大的数词，譬如千军万马，就是形容雄壮的队伍或浩大的声势。

汉字故事

千万买邻
qiān wàn mǎi lín

梁武帝非常欣赏吕僧珍,有一次,吕僧珍想回家乡扫墓,梁武帝不但同意,而且封他一个官职。

吕僧珍到任后,不徇私情,秉公办事。在因公会见客人的时候,就连他的兄弟也不准进入客厅,只能在外堂待着。他的侄子是卖葱的生意人,在吕僧珍回到故乡做官时,就放弃卖葱的生意,想在州府求得官职。吕僧珍说:"我承受国家重大的恩情,没有什么可以用来报效的。你本来就有正当的职业,怎么可以胡乱请求不该得的职位呢?"吕僧珍的家在城北,前面建有督邮的官署,乡人都劝他迁移官署来扩建住宅。吕僧珍恼怒地说:"官署是官府的房子,从建造以来就一直在这里,怎么可以搬迁官署的地方来扩大自己的住宅呢?"

吕僧珍这种廉洁奉公的高尚品德,受到了人们的称颂。

有位名叫季雅的官员告老还乡后,特地将吕僧珍邻家的一幢房屋买下来居住。一天,吕僧珍问他买这幢房子花了多少钱,季雅回答说:"共花了一千一百万。"吕僧珍听了大吃一惊,反问道:"怎么会这么贵?"季雅笑着回答说:"其中一百万是买房屋,一千万是买邻居。"

吕僧珍听后想了一会儿才明白,跟着笑了起来。

知识密码

千金字——

吕不韦集门客所写文章而成《吕氏春秋》,分为八览、六论、十二纪,二十余万言,他认为包括了天下古今所有的事。他命人将书悬在咸阳城门之上,若有人能增加或减少书中的一个字,就赏黄金千两。

11 上

字里乾坤

shàng

趣话汉字

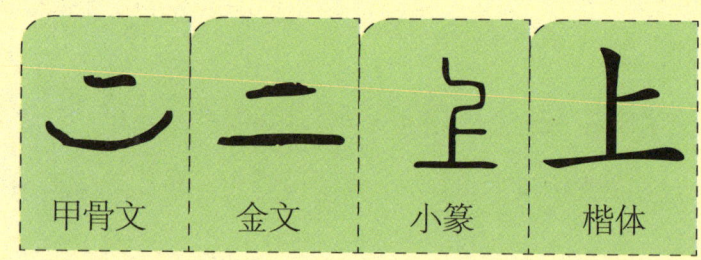

| 甲骨文 | 金文 | 小篆 | 楷体 |

上，指事字。甲骨文下面一条弧线表示地面，上面有一短横，表示在地面之上。金文把表示地面的弧线拉直，上面的一短横，也是表明在地面之上。到了篆文和楷书，字形开始美化，逐步定型为今天的字形。

汉字故事

姜太公钓鱼,愿者上钩

商纣王在位期间,有个人名叫姜尚,字子牙。他精通兵法战略,胸怀凌云壮志。姜子牙听说西伯侯姬(jī)昌招贤纳士、广施仁政,年逾七旬的他便千里迢迢来到西岐。到达西岐后,他没有前去毛遂自荐,而是辗转来到渭水北岸住下。此后,他每天在渭水垂钓,等待姬昌的到来。

姜子牙钓鱼的方法很奇特:鱼竿短,鱼线长,用直钩,没鱼饵,钓钩也不放进水里,离水面有三尺高。他一边钓鱼,还一边自言自语:"太公钓鱼,愿者上钩。"

一个叫武吉的樵夫来到河边,看到姜子牙用不挂鱼饵的直钩在水面上钓鱼,便对他说:"像您这样钓鱼,就是一百年也钓不到一条鱼。"姜子牙说:"你不知道个中缘由,我不是为了钓到鱼,而是为了钓王侯。"

后来,他果然钓到了周文王姬昌。姬昌兴周伐纣,正迫切需要招揽人才,他断定姜子牙是栋梁之材。于是,他带着厚礼,亲自前往聘请姜子牙。后来,姜子牙果真辅佐周文王兴邦立国,建功立业。

知识密码

上卿——

古代官名。春秋时,周朝及诸侯国都有卿,是高级长官,分为上、中、下三级,即上卿、中卿、下卿。战国时则是爵位的称谓,一般授予劳苦功高的大臣或贵族,相当于丞相(宰相)。

12. 下

字里乾坤

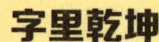

趣话汉字

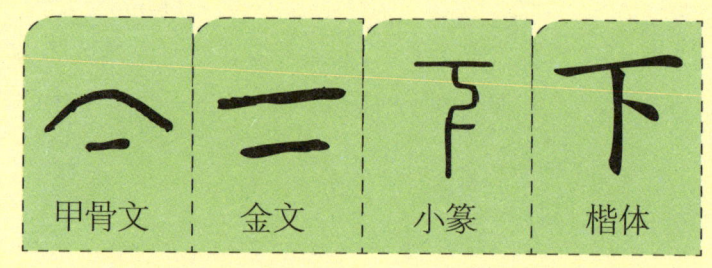

| 甲骨文 | 金文 | 小篆 | 楷体 |

下，指事字。甲骨文上面的一条弧线代表地面，下面一小短横是个指事符号，表明在地面之下。金文和篆文都继承甲骨文字形，变化不大，只是对笔形加以变动，使其更加美观。

汉字故事

城下之盟 (chéng xià zhī méng)

绞国是春秋时代的一个小国，在今天的湖北郧(yún)县西北。当时，强大的楚国就是它的近邻。

有一次，楚国侵略绞(jiǎo)国，集中兵力攻打绞国国都的南门。绞国人严守不出，楚军一时倒也攻它不下。楚国的屈瑕说："绞国人轻率，缺乏计谋，我们可以采取诱骗的办法引诱他们出城。让我们的伙夫去打柴，故意不派士兵保护，他们看见了一定会出来抓的。"

带兵的将领依计而行，绞国人果然出来了，一下子就抓去了30个楚国人。第二天，绞国人更加大胆，争着从北门出城，到山里去抓打柴的楚国人。楚军预先在山里设下埋伏，这时就一面堵住北门，一面伏兵齐起，把绞国打得大败。最后，楚国还强迫绞国订立了"城下之盟"。

自此，"城下之盟"这个成语就用来指战败国在敌人兵临城下的严重威胁下被迫订立的屈辱性条约。

知识密码

下里巴人——

"下里巴人"指的是战国时楚国民间流行的一种歌曲，它比较通俗，传唱度高，与高雅的"阳春白雪"相对。后来，"下里巴人"被用来泛指通俗的文艺作品。

13 中

字里乾坤

zhōng

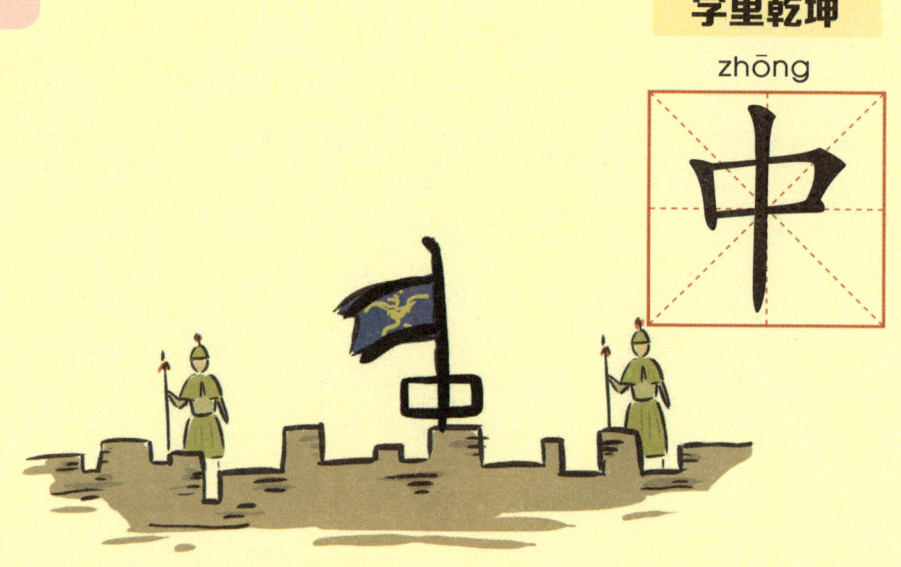

趣话汉字

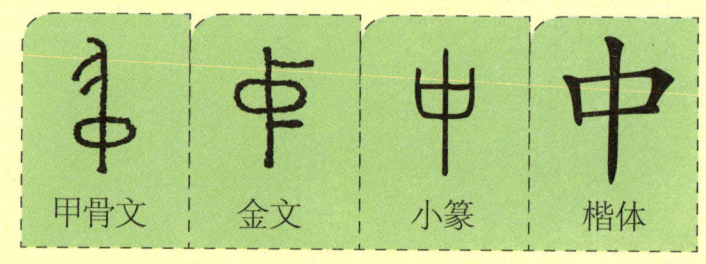

| 甲骨文 | 金文 | 小篆 | 楷体 |

中，指事字。甲骨文字形就是直立的一面旗帜，上面有旌旗飘带，中间的"口"形代表正中竖立。金文字形继承甲骨文字形，只是将旌旗飘带换到了右边。到了篆文，又把旌旗飘带省略，只留下中间的旗杆。随着演变，也就成了我们今天看到的"中"字。

汉字故事

人中之龙
rén zhōng zhī lóng

晋代有个叫宋纤的人,他一向厌恶官场的生活,立志不参与政事,一直过着隐居生活。

当地的太守马岌(jí)十分仰慕他的人品,也欣赏他的才华,想去请他出来做官。这天,马岌已经来到了宋纤家的门口。宋纤一见是太守,猜到了他的来意,二话不说,立即关门,拒绝见他。

面对如此无礼的态度,马岌不但不生气,还认为宋纤能不为高官厚禄所动,洁身自好,清贫自守,感慨地称他是人中之龙。

知识密码

中秋节——

中秋节是中国的传统佳节。"中秋"一词最早出现在《周礼》中。直到唐朝初年,中秋节才成为固定的节日,与春节、清明节、端午节并称中国汉族四大传统节日。

14 太

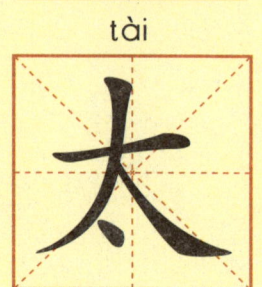

字里乾坤

tài

趣话汉字

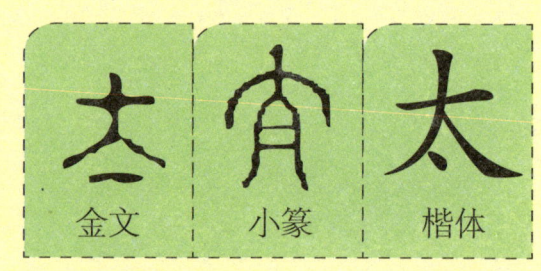

金文　小篆　楷体

　　太，指事字。金文字形的上面是一个"大"字，像正面站立的人形，下面加一点指事符号，表示"大"的最高程度，是极大和无限大。篆文和楷书都继承了金文字形，没有什么变化。"太"是个常用字，如果我们说"太高兴了"，那就是形容高兴的程度是极大的意思。

汉字故事

太平天子
tài píng tiān zǐ

据说，唐朝的武则天曾经召集皇孙在殿堂之上，看他们玩耍，她让人把一些宝物陈列起来，让这些皇孙去拿，以此判断他们的志向。看到宝物的皇孙们争先恐后地去抢东西，收获都很不错，可是李隆基却没有去抢，看样子一点都不在乎那些宝物。武则天十分惊奇，抚摩着他的背说："这个孩子当为太平天子。"之后就把玉龙子赐给他。

这个玉龙子原是唐太宗李世民的东西，皇后经常把它放在衣箱里边，等李治出生以后，就把它赐给了李治。

李隆基当上皇帝后，每当京城里需要求雨之时，他必然虔诚祈祷，将下雨之时，再看那玉龙子，好像活过来一样。有一次，京城及附近大旱多日，李隆基再次祈(qí)祷(dǎo)，但是过了十来天也没有下雨，他就秘密将其投到龙池里，不久就风雨齐至了。安史之乱时，李隆基去西蜀，车驾来到渭水，临渡河时，一些侍从在河里玩耍，在沙中偶然得到了玉龙子，李隆基惊喜异常。从此之后，每到夜间，它就会发光，好像在屋里点了蜡烛一样。李隆基回到京城后，有一个小侍从偷了它给李辅国。等到李辅国快倒台之时，夜里听到放玉龙子的匣子在响，打开一看，玉龙子已不见了。

知识密码

《太平广记》——

《太平广记》是宋代人编的一部大书。全书500卷，目录10卷，取材于汉代至宋初的野史小说、释藏、道经等，属于类书。因成书于宋太平兴国年间，所以叫作《太平广记》。

15 天

字里乾坤

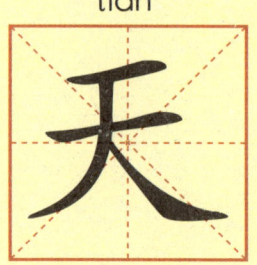

tiān

趣话汉字

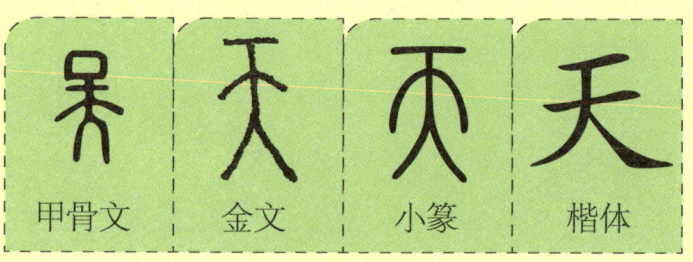

| 甲骨文 | 金文 | 小篆 | 楷体 |

天，指事字。甲骨文字形下面是一个人，在头上加一圆圈指事符号，就是表示头顶。后来，金文将圆圈改成了"一"，突出了"头顶"的含义。最后，随着演变，就变成了今天看到的"天"字。

汉字故事

女娲补天 (nǚ wā bǔ tiān)

传说，女娲抟土造人，当人类繁衍起来后，水神共工和火神祝融突然打起仗来。结果，祝融打胜了，失败的共工不服，一怒之下，把头撞向不周山。不周山崩裂了，支撑天地之间的大柱折断了，天塌下了半边，出现了一个大窟窿，地也陷成一道道大裂纹，山林烧起了大火，洪水从地底下喷涌出来，各种猛兽也出来吞食人民。人类面临着空前大灾难。

女娲目睹人类遭到如此奇祸，感到无比痛苦，于是决心补天，以终止这场灾难。她选用各种各样的五色石子，架起火将它们熔化成浆，用这种石浆将残缺的天窟窿填好，随后又斩下一只在水中作乱的大龟的四脚，当作四根柱子把倒塌的半边天支起来。

女娲还擒(qín)杀了残害人民的黑龙。最后为了堵住洪水，女娲还收集了大量芦草，把它们烧成灰，塞向四处铺开的洪流。

经过女娲一番辛劳整治，天补好了，地填平了，水止住了，各种猛兽也敛迹了，人民又重新过着安乐的生活。

知识密码

包青天——

包拯(zhěng)，北宋庐州府人，28岁中进士，最后做到枢密副使，成为朝廷的宰辅。因包拯不畏权贵，不徇私情，清正廉洁，当时流传有"关节不到，有阎罗包老"的赞誉，老百姓更喜欢直呼其为"包公""包青天"。

16 少

字里乾坤

shǎo

趣话汉字

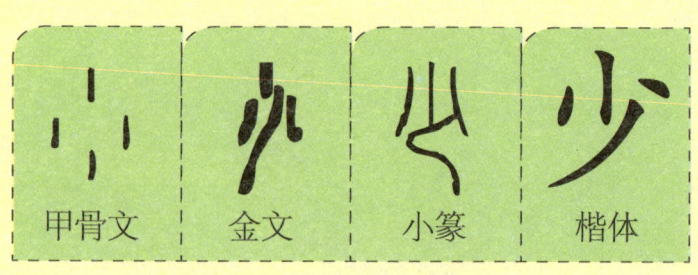

| 甲骨文 | 金文 | 小篆 | 楷体 |

少，指事字。甲骨文的字形只有四个小点，表示不多的意思。金文在"小"的基础上，再加上一撇作为指事符号，仍表示不多。到了篆文，下面的一撇改变了方向，逐渐形成我们今天看到的字形。

汉字故事

回乡偶书
huí xiāng ǒu shū

（唐）贺知章

少小离家老大回，乡音无改鬓毛衰。
儿童相见不相识，笑问客从何处来。

译文：

我在年少时外出，到了迟暮之年才回故乡。
我口音虽未改变，但我那双鬓却已经斑白。
所有看见我的孩子，都没有一个认识我的；
他们笑着互相问：这客人是从哪里来的呀？

赏析：

《回乡偶书》是唐朝诗人贺知章的作品，是作者于744年致仕还乡时所作。诗中既抒发了久客伤老之情，又充满久别回乡的亲切感，虽为晚年之作，却富于生活情趣。这首诗写出诗人内心复杂的情感，对家乡和亲人的怀念，抒发了世事沧桑的感慨。

知识密码

少昊——

少昊，黄帝长子，史称青阳氏、金天氏、穷桑氏、云阳氏或朱宣，又名玄嚣。他是远古时代华夏部落联盟首领，五帝之一，被封为西方大帝。少昊国是凤凰的国度，少昊时期是凤文化繁荣时期。

17 入

字里乾坤

rù

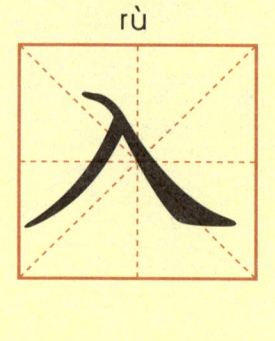

趣话汉字

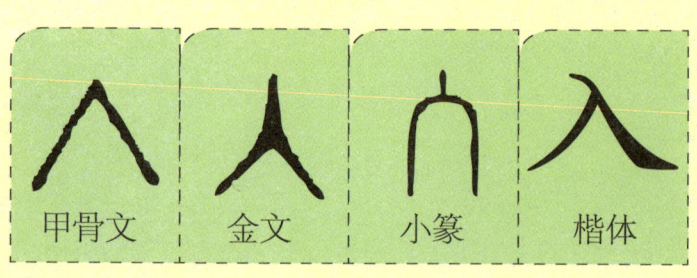

甲骨文　金文　小篆　楷体

入，指事字。甲骨文字形就像是一个上部呈尖头形的器具，表示尖头器具容易进入的意思。金文继承甲骨文字形，只是在尖头部位加了一短竖指事符号，强调尖头可进入的意思。篆文上部的短竖更加明显。到了楷书，字形就基本定型了。

汉字故事

请君入瓮
qǐng jūn rù wèng

唐朝女皇武则天为了镇压反对她的人，任用了两个酷吏，一个叫周兴，一个叫来俊臣。他们利用诬陷和惨无人道的刑法，杀害了许多正直的文武官吏和平民百姓。

有一回，武则天收到一封告密信，内容竟是告发周兴与人联络谋反。武则天大怒，责令来俊臣严查此事。来俊臣想，周兴是个狡猾奸诈之徒，仅凭一封告密信，是无法让他说实话的，这可怎么办呢？

苦苦思索半天后，他终于想出一条妙计，准备了一桌丰盛的酒席，把周兴请到自己家里。两个人边喝边聊。来俊臣叹口气说："兄弟我平日办案，常遇到一些犯人死不认罪，不知老兄有何办法？"周兴得意地说："这还不好办！"来俊臣立刻装出很恳切的样子说："哦，请快快指教。"周兴阴笑着说："你找一个大瓮，四周用炭火烤热，再让犯人进到瓮里，这样还有什么犯人不招供呢？"

来俊臣连连点头称是，随即命人抬来一口大瓮，在四周点上炭火，然后回头对周兴说："宫里有人密告你谋反，上边命我严查。对不起，现在就请老兄自己钻进瓮里吧。"周兴一听，扑通一声跪倒在地，连连磕头说："我有罪，我有罪，我招供！"

知识密码

入阁——
　　指进入内阁担任阁员。

18 本

字里乾坤

趣话汉字

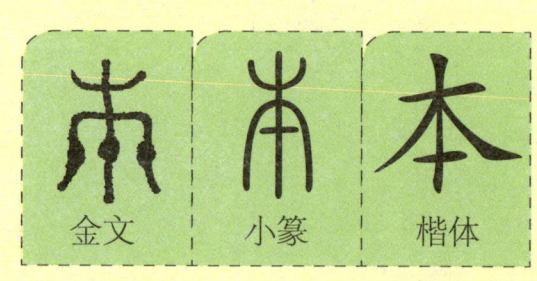

金文　小篆　楷体

　　本，指事字。金文的上部是"木"，下面根部的三个小黑点是指事符号，表示这里是树木的根部所在位置。所以，"本"就是指草木的根。后来，随着演变，根部那三个点就连成了一条线，仍表示根部所在。生活中，我们常说"根本"这个词，也就是形容像根一样重要。

汉字故事

舍本求末 (shě běn qiú mò)

战国时候，齐王派遣使臣到赵国拜访赵威后，赵威后很热情地接待来访的使臣，使臣在献上齐王准备的礼物后，又呈上齐王写的信。

赵威后收下了信，并马上拆开来看。她请使臣坐下，亲切地问道："久未问候，贵国的庄稼长得好吗？"使臣一听，很不高兴地说："我是奉了敝(bì)国国君之名前来问候您的，可是您不先问候敝国国君，反倒先问起庄稼，这分明是先贱而后贵。难道说，一个治理万民的君王，会比不上庄稼和百姓吗？"

赵威后听了并没有生气，反倒笑着对使臣说："这你就错了！没有庄稼，如何养活人民？这不是贵贱之分，而是本末之别啊！难道说要先舍根本，去问那些末节吗？"

齐国使臣对赵威后的这一番话非常佩服，并且为自己刚才无礼的态度感到惭愧。

现在，人们用"舍本逐末"来比喻做事抓不住主要问题，而专顾细枝末节。

知识密码

《本草纲目》——

《本草纲目》，中国药学著作，明朝李时珍著，52卷，全书共190多万字，载有药物1892种，收集医方11096个，绘制精美插图1160幅，分为16部、60类，是中国古代汉族传统医学的集大成者。

19 末

字里乾坤

趣话汉字

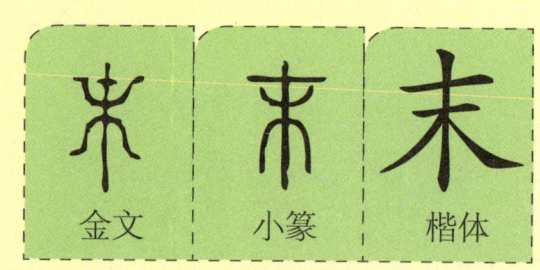

| 金文 | 小篆 | 楷体 |

末,指事字。金文的上部像是树头,下部像是树根,在树梢上加一小短横,作为指事符号,表示这里是树梢。随着演变,最后将上面的短横写成了一长横,更加突出。"本"指树根,"末"指树梢,我们常说"本末倒置",也就是形容分不清主次,不知轻重。

汉字故事

强弩之末 (qiáng nǔ zhī mò)

汉朝时,匈奴派人前来请求和亲,皇上交由朝臣讨论。

大行令王恢是燕地人,多次出任边郡官吏,熟悉匈奴的情况。他说:"汉朝和匈奴和亲,大抵都过不了几年,匈奴就又背弃盟约,不如不答应,而发兵攻打他。"

韩安国说:"派军队去千里之外作战,不会取得胜利。现在匈奴依仗军马的充足,怀着禽兽般的心肠,如同群鸟飞翔一样不断迁移,很难控制他们。我们得到他们的土地也不能算开疆拓土,拥有了他们的百姓也不能算强大,从上古起他们就不可能真心归附汉人。汉军到几千里以外去争夺利益,那就会人马疲惫,敌人就会凭借全面的优势对付我们的弱点。况且强弩之末,连鲁地所产最薄的白绢也射不穿;从下往上刮的强风,到了最后连飘起雁毛的力量都没有了。并不是开始时力量不强,而是到了最后,力量衰竭了。所以发兵攻打匈奴实在是很不利的,不如跟他们和亲。"

群臣的议论多数附和韩安国,于是皇上便同意与匈奴和亲。

"强弩之末"比喻强大的力量已经衰弱,起不了什么作用。

末代皇帝溥仪——

爱新觉罗·溥(pǔ)仪,生于1906年2月7日,卒于1967年10月17日,他是清朝末代皇帝,也是中国最后一个皇帝,世称清废帝或宣统帝。

20 朱

字里乾坤

zhū

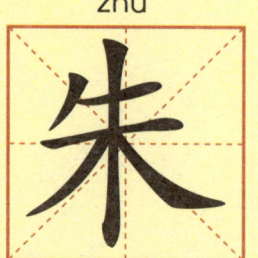

趣话汉字

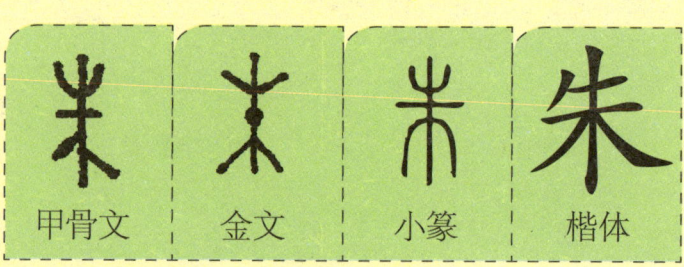

| 甲骨文 | 金文 | 小篆 | 楷体 |

朱,指事字。甲骨文字形就像是一棵树,上为树头,下为树根,中间有一个黑点,表明这棵树是红心的。金文大致与甲骨文相似,篆文将"木"中的"一点"变成了一横。到了楷书,字形定型,红心点已经完全消失了。"朱"就是红的意思,古代的"朱砂"就是红色的。

汉字故事

箜篌朱字
kōng hóu zhū zì

唐朝年间，李生和卢生一起学习成仙之术，后来，李生离开了太白山。过了几年，李生到扬州去，意外地遇见了卢生。卢生邀请李生到他家中做客。卢生说："我知道你爱好音乐，特地请了人为你弹奏。"

说完，卢生拍拍手，一个容貌出众的年轻女子走过来。她弹奏得非常出色。弹奏毕，李生拿过她的箜(kōng)篌(hóu)，见上面有一行朱红色的小字："天际识归舟，云间辨江树。"宴后，卢生问李生说："你愿意娶她为妻吗？"李生说："我哪里配得上呢？"卢生说："姻缘是前世注定的啊。"

后来，李生来到汴州，娶了当地一个官员的女儿。新婚之夜，他发现妻子很像弹箜篌的那个女子，再一问，她也会弹箜篌。李生一看她带来的箜篌，上面竟然有"天际识归舟，云间辨江树"十个红色小字。李生便把那天的事告诉了妻子。妻子听了，说："你说的事情很像我做的一个梦，在梦中，我确实到过扬州，是一个仙人带我去的，仙人还要把我许配给他的朋友，没想到正是相公。"

知识密码

朱雀门——

朱雀门是唐皇城的正南门，因四象中的朱雀代表南方而得名，门下是城市中央的朱雀大街。隋(suí)唐时，皇帝常在这里举行庆典活动。

21 生

字里乾坤

shēng

趣话汉字

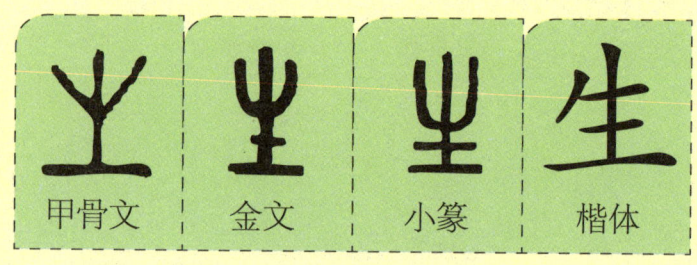

| 甲骨文 | 金文 | 小篆 | 楷体 |

生,指事字。甲骨文下部的一条横线是指事符号,表示地平线,其上生出一棵小草芽,看上去生机勃勃。金文的下部变成了"土",上部是树芽。最后,到了楷书,上部的草芽形状变成一撇一横,开始定型。"生"就是指草木生长,后来引申为活着、生存的意思。

汉字故事

初生牛犊不怕虎
chū shēng niú dú bù pà hǔ

东汉末年,刘备从曹操手中夺取了汉中,并在此称王,下令关羽北取襄(xiāng)阳,进兵樊(fán)城。关羽的部将廖化、关平率军攻打襄阳,曹操部将曹仁领兵抵抗,结果大败,退守樊城。曹操派大将于禁为征南将军,以勇将庞德为先锋,领兵前往樊城救援。

庞德率领先锋部队来到樊城,让兵士们抬着一口棺材走在队伍的前面,表示誓与关羽决一死战。庞德指名要关羽与他决战。关羽出战,两人大战百余回合,不分胜负,两军各自鸣金收兵。关羽回到营寨,对关平说:"庞德的刀法非常娴熟,真不愧为曹营勇将啊。"关平说:"俗话说,'初生牛犊不怕虎',对他不能轻视啊!"意思是说勇将庞德锐不可当,千万不能轻敌。

关羽觉得靠武力一时难以战胜庞德,于是想出一条计谋。当时正值秋雨连绵,汉水猛涨,魏军营寨却扎在低洼之处,关羽掘开汉水大堤,水淹于禁七军,俘虏了于禁、庞德。于禁投降,而庞德却立而不跪,不肯屈服。关羽劝他投降,庞德反而破口大骂。于是,关羽下令杀了庞德。

知识密码

生肖——

生肖也称属相,是用来代表年份和人的出生年的十二种动物。生肖的周期为12年,每个人在其出生年都有一种动物作为生肖,十二生肖即鼠、牛、虎、兔、龙、蛇、马、羊、猴、鸡、狗、猪。

22 屯

字里乾坤

tún

趣话汉字

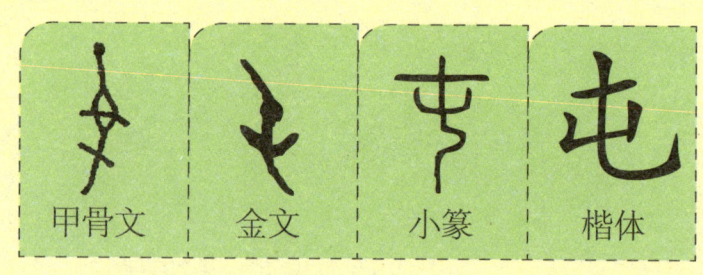

| 甲骨文 | 金文 | 小篆 | 楷体 |

屯，指事字。甲骨文就像一颗种子，上有嫩茎，下有细根，在根部加一撇指事符号，表示种子扎根。金文继承甲骨文字形，只是变成了粗体，篆文字形变化较大，就像代表种子的"屮"贯穿了"一"，这里的"一"表示大地。所以，"屯"就像草木初生的卷曲包裹之形，有卷曲、包裹、聚集的意思。

汉字故事

古代军屯(gǔ dài jūn tún)

军屯是"寓兵于农"的政策。汉朝时,汉武帝在上郡、朔(shuò)方、西河、河西开垦官田,用六十万人来戍田。曹操认为,军屯是定国之术,在于强兵足食。他整合军屯与民屯,在各地设立田官专门负责屯田。

元朝时,姚(yáo)演也主持过募民屯田。他"定涟、海等屯田法",因为江淮间自襄阳至于东海多荒田,便命令司农司立屯田法,募(mù)人开垦,并免掉了六年租税和一切杂役。元朝的军屯几乎遍及全国,从首都周围到边疆地区,都有屯田,用来补充军饷(xiǎng)。同时,还设立屯田万户府、千户所等机构。屯田所用耕牛、农具和种子,大多由国家供给。

到了明代,军屯的规模之大,历代从未有过。为了促进军屯的发展,朝廷调拨耕牛、农具和种子,初期土地不征收税粮。洪武六年(1373年),各地军屯月粮完全自给,还有盈余,朱元璋曾夸口:"我京师养兵百万,要令不费百姓一粒米"。

军屯有其负面影响。明朝初年,官田的数量庞大。军官豪强侵占良田,侵害百姓利益,让百姓苦不堪言。

知识密码

屯田客——

屯田客也就是参加屯田的农民。公元196年,曹操开始屯田,劳动力为招募而来的农民,称屯田客,产品按收成多寡与官府分成。

23 垂

字里乾坤

chuí

趣话汉字

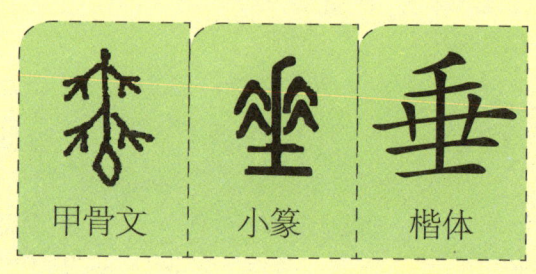

| 甲骨文 | 小篆 | 楷体 |

垂，会意字。甲骨文就像是一株草木花叶下垂的形象，篆文在最下面加了一横指事符号，表示草木生长于土上。随着演变，"垂"逐渐变成我们今天看到的样子，字形更加规范，不过花叶的形象开始变形。

汉字故事

慈禧太后垂帘听政

1861年，咸丰帝去世，6岁的载淳(chún)嗣(sì)位，载垣(yuán)等八大臣辅政。当时载淳年幼，素有政治权欲的慈禧太后临朝预政，她于咸丰帝死后不久发动了辛酉政变，将辅政大臣斩首抄家，解职戍边，彻底肃清了她的政敌集团。

1873年，载淳成年后，两宫皇太后被迫撤帘归政，但他亲政不及两年，就因病而死。因无子嗣位，慈禧精心选择同治帝年幼的叔伯兄弟载湉继位，使两宫皇太后二次垂帘终又得逞。

1881年，慈安皇太后暴死，只剩慈禧一人垂帘听政。光绪帝成年亲政后，支持戊戌变法，尝试改良运动，目标为改变清朝祖制成法，因而遭到慈禧等顽固派的忌恨。

1898年9月21日，慈禧太后等人发动戊戌政变。光绪帝被幽禁于中南海瀛台，慈禧太后随即杀害策划维新变法的"戊戌六君子"，戊戌变法彻底失败，慈禧再次临朝10年，共掌握清朝政权达48年之久。

知识密码

垂拱——

垂衣拱手，表示不做什么事，形容不用花什么气力。《尚书·武成》："惇(dūn)信明义，崇德报功，垂拱而天下治。"后多用以称颂帝王无为而治。

24 失

字里乾坤

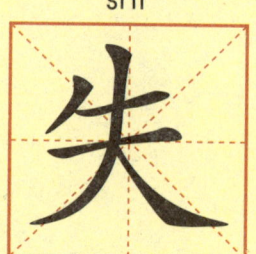

shī

趣话汉字

金文　小篆　楷体

失,指事字。金文的左边是一只手,手腕的右边是个类似"乙"的指事符号,表示东西从手中丢失了。篆文承续金文字形,到了楷书,"手"形消失,"乙"形直接变成了一捺,这就是我们今天看到的"失"字。

汉字故事

马谡失街亭 (mǎ sù shī jiē tíng)

公元227年,诸葛亮带领大军驻守汉中,随时找机会进攻魏国。他决定派人马去占领街亭,作为据点。他看中了年轻的参军马谡。

马谡和王平按诸葛亮的命令来到街亭后,马谡看了地形,对王平说:"街亭旁边有座山,正好在山上扎营,布置埋伏。"王平提醒他说:"丞相临走的时候嘱咐过,要坚守城池,稳扎营垒。在山上扎营太冒险。"马谡不听王平的劝告。王平只好要了一千人马,在山下临近的地方扎营。

张郃(hé)率领魏军来到后,立刻把那座山围困起来。马谡几次命令兵士冲下山去,但是张郃坚守住营垒,蜀军无法攻破。蜀军在山上断了水,时间一长,自己先乱了起来。张郃看准时机,发起总攻。蜀军兵士纷纷逃散,马谡禁止不了,最后,只好自己杀出重围,往西逃跑。

王平得知马谡失败,就叫兵士拼命打鼓,装出进攻的样子。张郃怀疑蜀军有埋伏,不敢逼近。王平整理好队伍向后撤退,未失一人一马,还收容了马谡手下的不少散兵。

蜀军失去了重要的据点,又丧失了不少人马,诸葛亮下令人马全部退回汉中。经过详细查问,诸葛亮知道了街亭失守是因为马谡违反了他的命令,就按照军法,定了马谡死罪。

知识密码

智者千虑,必有一失——

形容聪明人对问题深思熟虑,也难免出现差错。出自《史记·淮阴侯列传》:"广武君曰:'臣闻智者千虑,必有一失;愚者千虑,必有一得。'"

25 叉

字里乾坤

cha

趣话汉字

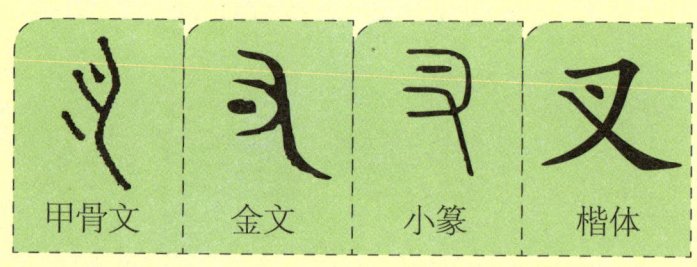

| 甲骨文 | 金文 | 小篆 | 楷体 |

叉，指事字。甲骨文字形的右边是一只手，中间有两点指事符号，表示用手去抓取物品。金文继承甲骨文字形，只是将两点变成了一点。最后，手形变成了"又"，表示物品的一点放在了中间，这就是我们今天看到的字形。

汉字故事

温八叉 (wēn bā chā)

温庭筠(yún)字飞卿,当时他和诗人李商隐齐名,被人们称为"温李"。他擅长写小赋,才思敏捷。每次考试,按规定的韵作赋,他只需要叉八次手就写完了,速度很快。他经常为邻座的考生代作文章,人们送他外号"救数人"。由于他不严格约束自己的言行,所以受到一些有身份的人的轻视。

唐宣宗喜欢微服出行,有一次遇上了温庭筠。温庭筠不认识皇帝,很傲慢地问他:"你是长史司马之流的大官吗?"皇帝说:"不是。"温庭筠又问:"那你是大参簿尉之类的官吧?"皇上说:"不是。"说完便转身走了。回宫后,唐宣宗心里实在觉得不痛快,就把温庭筠贬为坊城尉,还在诏书中说:"读书人应以德为重,文章为末。你这样的人,品德不可取,文章再好也是弥补不上的。" 温庭筠负有不羁之才,没有得到机遇,最后竟流落而死。

知识密码

夜叉国——

唐朝时东西伯利亚的楚科奇半岛上有一个夜叉国,从来没和唐朝接触过。唐太宗时,唐朝人从流鬼国朝贡使者的随从那里得知,流鬼国北面还有个夜叉国,他们在海岛散居,还以动物的皮为衣。

26. 与

字里乾坤

yǔ

与

趣话汉字

小篆　楷体

　　与，指事字。篆文的下面是一个"勺"形，在上面加了一横指事符号，就是表示给别人添食的意思。楷书基本继承篆文字形，没有什么变动，沿用至今。除了"给别人添食"这个意思，"与"还有给予、赐予的意思，如赠与。

汉字故事

与狐谋皮 (yǔ hú móu pí)

春秋时期,鲁国的国君想让孔子担任司寇,但遭到群臣反对,他一时拿不定主意,打算找人商量一下再做决定,正好遇上了左丘明。国君问他:"我想让孔子担任司寇,你看要不要和大臣商量一下?"左丘明回答道:"孔丘是当今公认的圣人,圣人担任官职,其他人就得离开官位,您与那些因此事而可能离开官位的人去商议,能有什么结果呢?"

鲁国国君点了点头,左丘明又说:"周朝时有一个人非常喜欢穿皮衣服,他打算缝制一件价值昂贵的狐狸皮袍子,于是就与狐狸商量说:'把你们的毛皮送给我几张吧。'狐狸一听,全逃到山林里去了。他又想用肥美的羊肉祭祀,于是去找羊说:'请帮帮我的忙,把你们的肉割下二斤,我准备祭祀。'没等他说完,羊就吓得狂呼乱叫,互相报信,一齐钻进树林里藏了起来。这样,那人十年也没缝成一件狐狸皮袍子,五年也没办成一次祭祀。这是什么道理呢?原因就在于他找错了商议的对象!您现在打算让孔丘当司寇,却与那些因此而辞官的人商议,这不是与狐谋皮、与羊要肉吗?二者有何不同?"

这就是"与狐谋皮",也叫"与虎谋皮",比喻向坏人索取东西,枉费心机。

知识密码

参 (shēn) 与商——

指参星与商星。这两颗星不会同时在天空中出现,被用来比喻亲友分隔两地不得相见,也比喻人与人感情不和睦。杜甫在《赠卫八处士》中说:"人生不相见,动如参与商。"

27 勺

字里乾坤

sháo

勺

趣话汉字

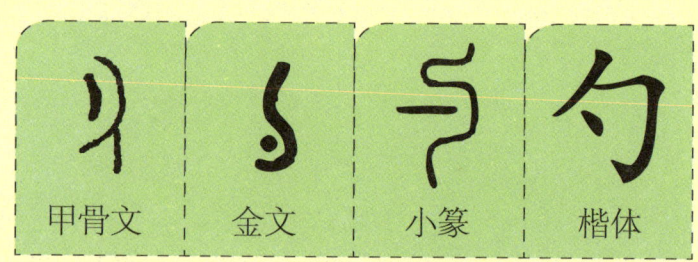

| 甲骨文 | 金文 | 小篆 | 楷体 |

勺，指事字。甲骨文字形像是一种长柄的盛具，盛具上有一个竖形的指事符号，表示盛舀的食物。金文继承甲骨文字形，形象地画出了匙子盛物状。最后，到了楷书，就将篆文的匙状直接写成了"勺"。

汉字故事

北斗七星

北斗七星是在北天排列成勺形的七颗亮星，属于大熊星座。从勺身上端开始，到勺柄的末尾，七颗星的名字分别为：一天枢，二天璇(xuán)，三天玑(jī)，四天权，五玉衡，六开阳，七摇光。一至四为"斗魁(kuí)"，又名"璇玑"；五至七为"斗杓(biāo)"。把天璇和天枢连接起来，延长约五倍距离，即可找到现在的北极星。

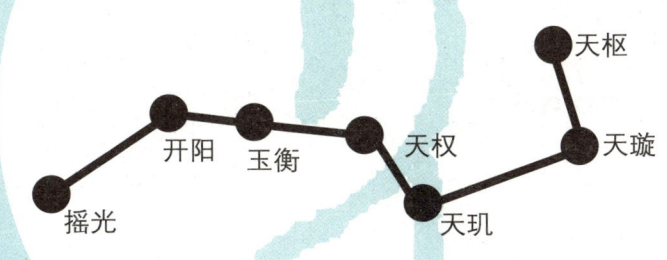

知识密码

漏勺——

　　漏勺是一种做饭用的工具，勺子形状，但中间有很多小孔，是用来捞东西的。

28. 甘

字里乾坤

gān

趣话汉字

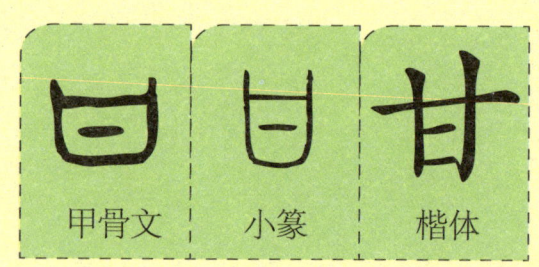

| 甲骨文 | 小篆 | 楷体 |

甘,指事字。甲骨文的外形是个"口",当中的一小横是指事符号,指示舌头所在的地方,表示这里最知道甜。篆文继承甲骨文字形,也表示舌头可尝甜味。最后,到了楷书,字形开始变形,"口"已经不像原来的"口"了。

汉字故事

tóng gān gòng kǔ
同甘共苦

战国时期，燕哙(kuài)王在位时亲信小人，疏远贤臣，结果使国家非常破败，差一点就被齐国灭掉了。燕昭王即位后，下定决心要报仇雪恨。

燕昭王觉得应该先使燕国强大起来。他听说郭隗善出计谋，于是向他请教，怎样才能使燕国迅速富强起来。郭隗告诉他："招揽人才是国家振兴的关键。"燕昭王问："那么我去请哪一个才好呢？"郭隗回答说："先重用我这个本领平平的人吧！天下本领高强的人看到我这样的人都会被您重用，那么，他们肯定会前来投奔您的。"

燕昭王觉得很有道理，就拜郭隗为师，让他生活舒适，衣食无忧。消息一传开，乐毅、邹衍、剧辛等有才能的人纷纷从魏、齐、赵等国来到燕国，为燕昭王效力。不久，燕国就云集了很多有才能的文臣武将。与此同时，燕昭王还很体恤老百姓，老百姓快乐的时候，他也跟着快乐；老百姓遇到灾年，他就及时打开国库救济他们，与他们同甘共苦，使整个国家一条心，国家很快强大起来。

后来，燕昭王看到报仇的时机已到，就派乐毅为上将军,攻打齐国，结果齐国被打得大败，就连齐王也被吓跑了，燕昭王终于一雪前耻。

知识小密码

甘罗——

甘罗是战国时楚国下蔡人，他是战国时代著名大臣甘茂之孙，从小就聪明过人。甘罗很小的时候就到了秦国丞相吕不韦门下，做其门客，后来为秦立了功，12岁就被秦王拜为上卿。

29 匆

字里乾坤

cōng

匆

趣话汉字

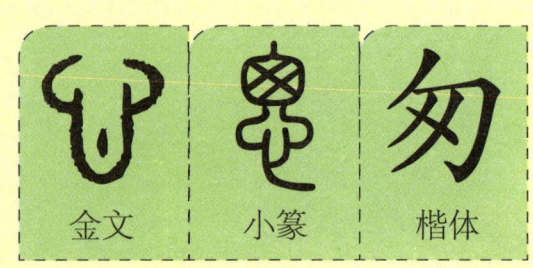

金文　小篆　楷体

匆，指事字。金文字形在"心"的上面加一点作为指事符号，表示某种急迫的心理状态。篆文继承金文字形，在上部加了一个类似"囱"的字形，强调因精神压力而着急。最后，楷书省去"心"，将上面的"囱"变形，就逐渐成为我们今天看到的字形了。

汉字故事

相见欢
xiāng jiàn huān

（南唐）李煜(yù)

林花谢了春红，太匆匆。无奈朝来寒雨晚来风。

胭脂泪，相留醉，几时重。自是人生长恨水长东。

树林间的红花已经凋谢，花开花落，才有几时，实在是去得太匆忙了。也是无可奈何啊，花儿怎么能经得起那凄风寒雨昼夜摧残呢？飘落遍地的红花，被雨水淋过，像是美人双颊(jiá)上的胭脂在和着泪水流淌。花儿和怜花人相互留恋，如醉如痴，什么时候才能再重逢呢？人生从来就是令人怨恨的事情太多，就像那东逝的江水，不休不止，永无尽头。

这首《相见欢·林花谢了春红》是五代十国时期南唐后主李煜的词作，当时的他已是亡国之君，被俘北上，留居汴京两年多，待罪被囚的生活使他感到极大的痛苦。此词是即景抒情的典范之作，它将人生失意的无限怅恨寄寓在对暮春残景的描绘中，表面上是伤春咏别，时光匆匆，实质上是抒写"人生长恨水长东"的深切悲慨。

知识密码

行色匆匆——

匆匆就是慌慌张张的样子，形容一个人出行时神态匆忙急促。

30 允

字里乾坤

yǔn

趣话汉字

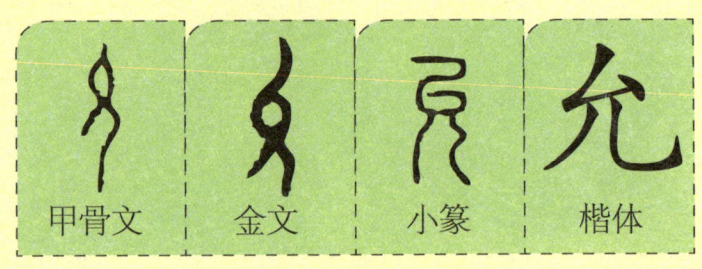

| 甲骨文 | 金文 | 小篆 | 楷体 |

允，会意字。甲骨文字形像一个人形，在头部位置加一空心圆指事符号，表示与头部动作有关。金文继承甲骨文字形，随着演变，最后楷书将顶部写成"厶"，人形形象已看不出来了。"允"与头部动作有关，本义是诚信、答应，比如向某人允诺什么，就是答应什么的意思。

汉字故事

卿云歌 (qīng yún gē)

（先秦）无名氏

卿云烂兮，糺(jiǔ)缦(màn)缦兮。日月光华，旦复旦兮。
明明上天，烂然星陈。日月光华，弘于一人。
日月有常，星辰有行。四时从经，万姓允诚。
于予论乐，配天之灵。迁于贤善，莫不咸听。
鼚(chāng)乎鼓之，轩乎舞之。精华已竭，褰(qiān)裳去之。

译文：

卿云灿烂如霞，瑞气缭绕呈祥。日月光华照耀，辉煌而又辉煌。
上天至明至尊，灿烂遍布星辰。日月光华照耀，嘉祥降于圣人。
日月依序交替，星辰循轨运行。四季变化有常，万民恭敬诚信。
鼓乐铿锵和谐，祝祷上苍神灵。帝位禅于贤圣，普天莫不欢欣。
鼓声鼚鼚动听，舞姿翩翩轻盈。精力才华已竭，便当撩衣退隐。

知识密码

祝允明——

　　祝允明，因右手有六指，自号枝指生和枝山。他素有家学，能诗文，工书法，特别是其狂草颇受世人赞誉，流传有"唐伯虎的画，祝枝山的字"之说，与唐伯虎、文徵明、徐祯卿齐名，合称"吴中四才子"。

31 尺

字里乾坤

chǐ

尺

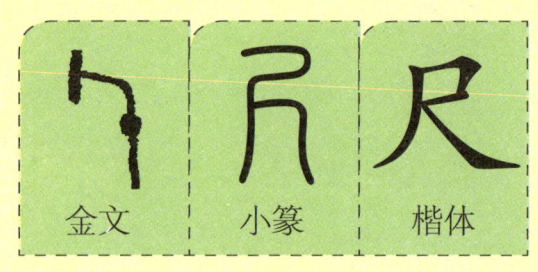

| 金文 | 小篆 | 楷体 |

趣话汉字

  尺，指事字。金文字形像是一个人，在其小腿位置加一实心圆点指事符号，表示膝盖部位。远古时代常以身体器官作为度量手段，从手掌到手腕为一"寸"，从脚掌到膝部就是一"尺"。最后，随着演变，逐渐将金文的"人"写成了"尸"，并将圆点符号改写成曲线符号。

汉字故事

尺锦才情
chǐ jǐn cái qíng

江淹以文章才思而著名,到了晚年才思有些衰退。据说,他从宣城太守任上罢官之后,在禅灵寺休息。夜里梦见一人,自称是张景阳,对他说:"以前我曾给你一匹锦,今天你就还给我吧。"江淹就从怀中取出几尺锦给他,那人很生气,说:"怎么都快割完了!"之后回头看着丘迟说:"余下的这几尺也没什么用了,都给你吧。"自此之后,江淹的才能也就衰竭了。又据说,他在冶亭歇宿时,曾梦见了郭璞(pú)。郭璞说:"我的笔已经在你那寄存多年,该是还我的时候了。"江淹就从怀中拿出一支五色笔给了郭璞,之后江淹写诗,没有一句是好的,当时的人都说他的才思已尽。

知识密码

尺牍(dú)——

古代书写用的薄而小的木片称为牍,汉代的简和牍串起来写字时,诏书律令宽不超过三尺,一般书信宽不过一尺,所以将书信称为尺牍。

32 寸

字里乾坤

趣话汉字

小篆　楷体

　　寸，指事字。篆文看上去像一条手腕，在下面加了一横指事符号，表示这是手腕的某个位置，也就是一寸的地方。随着演变，手形逐渐消失，变成了类似"十"的形状，下面的一横变为一点，逐渐定型。

汉字故事

尺有所短，寸有所长

战国时，有一个人叫甘戊，他很有才华，决心出使齐国去游说。这天，他来到一条大河边，准备登船过河。

摇船的船夫听说他要去齐国游说，便讥笑着说：“河水只是个很小的间隔，而你都不能自己渡过去，还能到君主那里去游说吗？”

甘戊笑了笑，回答说：“不对，你不了解，尺有所短，寸有所长，事物各有它的长处。那种谨慎老实、诚恳厚道的臣子可以让他们侍奉君主，却不可以叫他们带兵打仗；骐(qí)骥(jì)这样的好马，能日行千里，如果把它们放到屋子里，让它们捕老鼠，还赶不上一只小野猫；干将可算是锋利的宝剑，天下闻名，可是木匠用它做木工活，还比不上一把普通的斧头；现在用船桨划船，让船顺着水势起伏漂流，我不如你，然而游说各个小国大国的君主，你就不如我了。”

船夫听完他的话，觉得很有道理，便不再多言，心悦诚服地请他上船，送他过河。

后来人们用"尺有所短，寸有所长"比喻人或事物各有各的长处和短处。

知识密码

三寸金莲——

从宋代开始，妇女流行裹足，人们把裹过的脚称为"莲"，而不同大小的脚是不同等级的"莲"，大于四寸的为铁莲，四寸的为银莲，而三寸则为金莲。三寸金莲是当时人们认为妇女最美的小脚。

33 旦

字里乾坤

dàn

趣话汉字

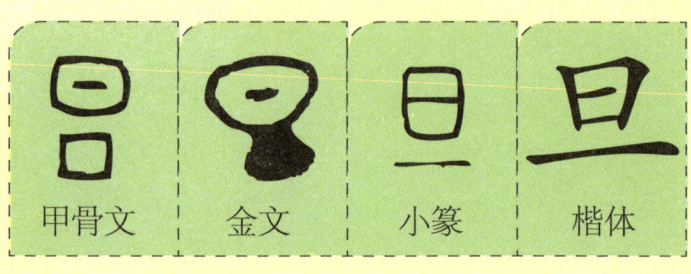

| 甲骨文 | 金文 | 小篆 | 楷体 |

旦，指事字。甲骨文字形的上部是一个"日"字，下面的四边形指事符号代表地面或海面，表示太阳从地平线或海上升起。所以，"旦"就是指天亮日出之时。金文将表示大地的方形写成实心的黑点，篆文将实心黑点又改写成一横，代表地平线或海平面，字形开始定型。

汉字故事

枕戈待旦（zhěn gē dài dàn）

晋人祖逖(tì)和刘琨(kūn)都是性格开朗、仗义好侠的志士。他们年轻时不但文章写得好，而且都喜欢练武健身，决心报效祖国。当时，晋朝表面上还管辖着中原大地，但实际上已是内忧外患、风雨飘摇了。祖逖和刘琨一谈起国家局势，总是感慨万分，常常聊到深夜。

一天，祖逖又和刘琨谈得十分兴奋，刘琨不知什么时候睡着了，祖逖却久久沉浸在谈话的兴奋之中，不能入睡。"喔，喔，喔"，荒原上的雄鸡叫了起来，祖逖一跃而起，喊醒了刘琨："听，这雄鸡啼鸣多么振奋人心呀，快起来练剑吧！"于是，两人操起剑来，在高坡上对练。从此，他俩每天清早听到头一声鸣叫，就一定来到荒原上练剑。

刘琨被祖逖的爱国热情深深感动，决心献身于祖国，投身从戎。有一次，他在给家人的信中这样写道："在国家危难时刻，我经常是'枕戈待旦'，枕着兵器睡觉，一直等待着天明，习武健身，立志报国，常担心落在祖逖后边！"

后来，人们便用"枕戈待旦"来形容杀敌心切，毫不松懈，时刻准备迎战的意思。

知识密码

花旦——

花旦是中国传统戏曲角色，为青年或中年女性的形象，性格活泼或泼辣放荡，常常带点喜剧色彩。花旦一词，来自元代夏庭芝的《青楼集》："凡妓，以墨点破其面者为花旦。"

34 夕

字里乾坤

xī

趣话汉字

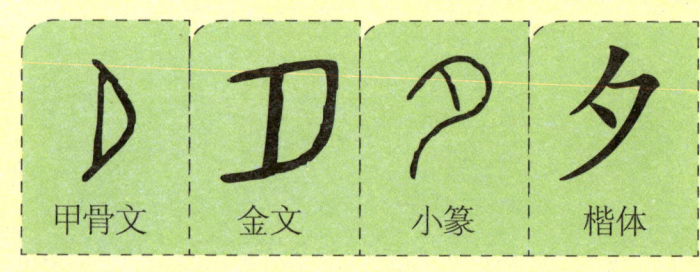

| 甲骨文 | 金文 | 小篆 | 楷体 |

夕，指事字。甲骨文字形像是将"月"的字形减去一短竖指事符号的形象，表示月上黄昏，月光不明亮。金文和篆文承续甲骨文字形，只是字形变得弯曲，逐渐变成今天看到的样子。"夕阳无限好，只是近黄昏"，"夕"一般都跟太阳下山、月亮初显的黄昏紧紧相连。

汉字故事

朝不保夕 (zhāo bù bǎo xī)

周景王派遣使臣刘定公去会见晋国的上卿(qīng)赵武。

刘定公一来到晋国,就对当时位高权重的赵武极尽颂词,恭维至极。

当时的晋国并不安宁,权力斗争异常激烈,人人自危。赵武听了刘定公那番恭维的话,就说:"我哪有这么位高权重,也只不过是在苟且偷生罢了,朝不保夕啊,也许早上能醒过来,却还不知道晚上能不能活着。处在这样的境遇下,又谈什么为国家做贡献呢?"

刘定公听完这番话,顿时哑口无言。

后来,人们就用"朝不保夕"来形容情况危急。

知识密码

七夕节——

七夕节,又名乞巧节、女儿节,农历七月初七,来自中国牛郎与织女的传说,是华人地区以及部分受汉族文化影响的东亚国家的传统节日。

35. 卓

字里乾坤

zhuó

趣话汉字

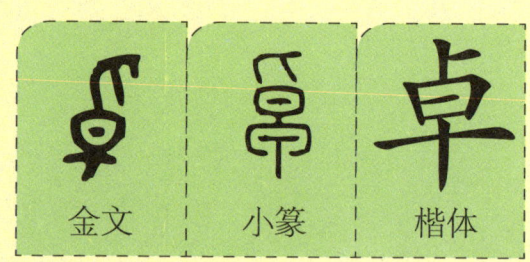

| 金文 | 小篆 | 楷体 |

卓,指事字。金文字形的下部是一个人的样貌,上部在人的头顶有某种标志,是指事符号,表示十分高的意思。随着演变,下部的人形逐渐变成"早"字,最后就变成我们今天看到的样子了。

汉字故事

咏史

(西晋)左思

弱冠弄柔翰,卓荦(luò)观群书。著论准《过秦》,作赋拟《子虚》。
边城苦鸣镝(dí),羽檄(xí)飞京都。虽非甲胄士,畴昔览《穰苴》。
长啸激清风,志若无东吴。铅刀贵一割,梦想骋良图。
左眄(miǎn)澄江湘,右盼(xī)定羌胡。功成不受爵,长揖归田庐。

译文:

我二十岁时已才学出众了,不仅善于写作,而且博览群书。写论文以《过秦论》为典范,作赋则以《子虚赋》为楷模。边城正受着争战之苦,报急的文书飞一样地来到京都。我虽然不是穿着甲胄的战士,可也曾读过司马穰苴的兵法。放声长啸,啸声在清风中激荡,志气豪迈,东吴哪在我的眼中?很钝的铅刀都希望能有一割之用,而我也希望施展自己的抱负。希望有朝一日能消灭东南的东吴,平定西北的羌胡。功成之后,不受封赏,归隐田园。

知识密码

董卓——

董卓,东汉末年少帝、献帝时的权臣,凉州军阀,官至太师,封郿侯。原本屯兵凉州,"十常侍之乱"时趁乱掌控朝中大权。其为人残忍嗜杀,倒行逆施,后被其亲信吕布所杀。

36 兀

字里乾坤

wù

趣话汉字

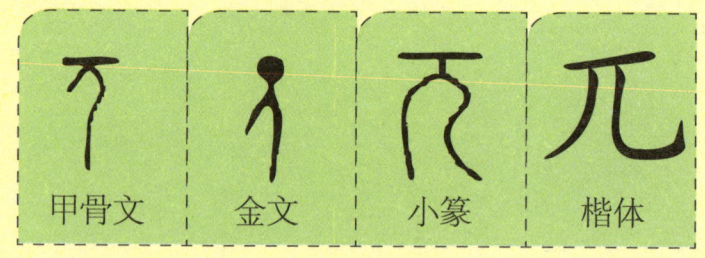

| 甲骨文 | 金文 | 小篆 | 楷体 |

兀,指事字。甲骨文字形的下面是一个人形,上面有一横指事符号,表示高而且平的样子。所以,"兀"就是形容高耸特立的样子。金文继承甲骨文字形,将上方的一横写成圆点。随着演变,最后楷书将下面的"人"写成了"儿","兀"的字形开始定型。

汉字故事

wù wù qióng nián
兀兀穷年

王褒(bāo)，字子渊，是蜀地人。汉宣帝仿效汉武帝的做法，研讨六艺群书，广泛召集有奇异爱好的士人。益州刺史王襄向百姓宣扬风尚教化，听说王褒很有才能，请来相见。王褒为刺史写作颂歌以后，又为颂歌作传注。益州刺史上奏说王褒有杰出文才。于是，皇上征召王褒。到京师后，诏令王褒为圣明君主得到贤臣而作赋颂。

王褒写道：披着毛毡与鸟羽的人，难以对他们说丝帛的美丽细密。吃着粗劣食物的人，不值得对他们说太牢的精美滋味。我处在偏远的西蜀，生长在小巷中，成长在茅屋下，没有广博浏览积累的知识，反而有愚昧、浅陋的拖累，不能够承担厚望，对答陛下的旨意。虽然这样，但是怎敢不略微陈述愚见，抒发情怀？敬思《春秋》笔法，"元年春王正月"为五始，五始的关键在于反省自己，端正纲纪。贤人是国家的宝贵工具。任用贤人，就会省力，而且成效大。所以工人使用不好的工具，就会筋骨劳累，兀兀穷年，终日忙碌。

宣帝很高兴，王褒因而得到了重用。

后来人们就用"兀兀穷年"比喻做事不辞劳苦。

知识密码

金兀术——

完颜宗弼是金代大将。女真名兀术，汉姓王，名宗弼。他是金太祖完颜阿骨打的第四个儿子。他有胆略，善于骑射，一直是金朝主战派的代表，并领导了多次南侵，同岳飞等宋朝将领多次交锋。

37 乔

字里乾坤

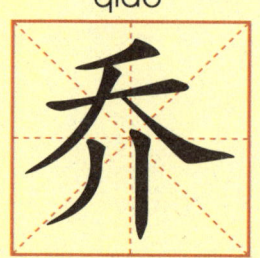

趣话汉字

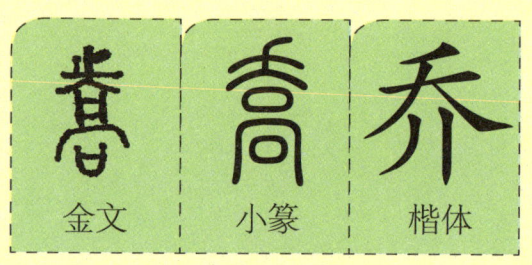

| 金文 | 小篆 | 楷体 |

乔，指事字。金文字形下面是一个"高"字，在上面加一条小曲线做指事符号，还是高的意思。篆文继承金文字形，只是上面的小曲线有些变形。后来，汉字简化，就将下面的"高"字简化成两竖，书写更方便了。因为"乔"就是指高，所以由乔组成的词也有高大的意思。

汉字故事

伐木(节选)

伐木丁丁,鸟鸣嘤(yīng)嘤。出自幽谷,迁于乔木。
嘤其鸣矣,求其友声。相彼鸟矣,犹求友声。
矧(shěn)伊人矣,不求友生。神之听之,终和且平。
伐木许许,酾(shī)酒有藇。既有肥羜(zhù),以速诸父。
宁适不来,微我弗顾。于粲洒扫(sǎo),陈馈八簋(guǐ)。
既有肥牡,以速诸舅。宁适不来,微我有咎。

译文:

咚咚作响伐木声,嘤嘤群鸟相和鸣。鸟儿出自深谷里,飞往高高大树顶。小鸟为何要鸣叫?只是为了求知音。仔细端详那小鸟,尚且求友欲相亲。何况我们这些人,岂能不知重友情。天上神灵请聆听,赐我和乐与宁静。

伐木呼呼斧声急,滤酒清纯无杂质。既有肥美羊羔在,请来叔伯叙情谊。即使他们没能来,不能说我缺诚意。打扫房屋示隆重,佳肴八盘桌上齐。既有肥美羔羊肉,请来叔伯聚一起。即使他们没能来,不能说我有过失。

知识密码

王子乔——

王乔又名王晋,字子晋,又字子乔。他是周灵王的太子,被道士浮丘公引上嵩山,最后得道成仙,是古代传说中有名的仙人。

38 非

字里乾坤

fēi

非

趣话汉字

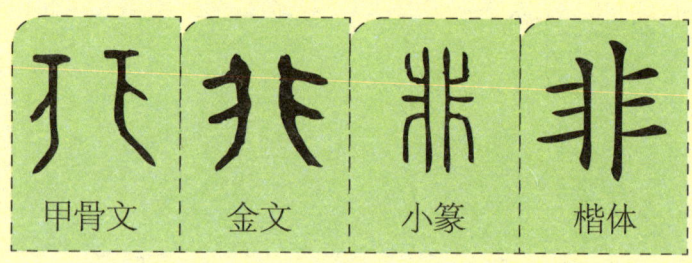

| 甲骨文 | 金文 | 小篆 | 楷体 |

非，指事字。甲骨文字形就像是鸟两侧伸展的一对翅膀，上方的两短横是指事符号，表示方向相背。金文继承甲骨文字形，篆文在原有基础上，又在字形中间加了一横。最后，楷书将曲笔变成直笔，就变成今天的"非"字。"非"就是飞，但此义已经消失，现在一般引申为违背、不对的意思。

汉字故事

齐大非偶
qí dà fēi ǒu

春秋时代，齐僖(xī)公想把自己的女儿嫁给郑国的太子忽。太子忽推辞说："每个人都有自己的配偶，齐国是个大国，不是我配得上的，不敢高攀。"

后来，北戎部落入侵齐国，齐国向郑国求援，太子忽率领郑国的军队，帮助齐国打败了北戎。齐僖公又提起这件事，太子忽坚决推辞。

别人问他为什么不接受齐国的联姻，他说："以前没有帮齐国忙的时候，我都不敢娶齐侯的女儿。今天奉了父王之命来解救齐国的危难，要是娶了齐侯的女儿回去，这看上去不是用郑国的军队来换取自己的婚姻吗？郑国的百姓会怎么说我！"

说完，太子忽就辞别而去。

后来，人们就用"齐大非偶"来表示自己门第或地位卑微，不敢高攀。

知识密码

子非鱼——

庄子和惠子在游玩，看到水中的鱼游来游去，庄子说："从容地来回游动，这是鱼的快乐。"惠子说："子非鱼，哪里知道鱼的快乐？"庄子又说："你不是我，怎么知道我不知鱼的快乐？"

39 丑

字里乾坤

chǒu

趣话汉字

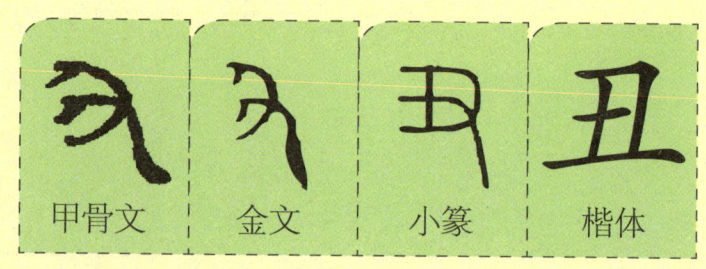

| 甲骨文 | 金文 | 小篆 | 楷体 |

丑，指事字。从甲骨文来看，字形像一只爪子，在"爪"的三根手指指端各加一短横指事符号，表示手指有所动作。金文继承甲骨文字形，篆文则有所变形。到了楷书，表现爪形的"又"形消失，字形定型。"丑"就是爪子，因爪子狰狞，又引申为难看的意思，还可表示十二地支中的"丑"。

汉字故事

跳梁小丑 (tiào liáng xiǎo chǒu)

战国时，魏国的相国惠施找庄子谈话。他举自家的一株大树为例，说这棵树的主干臃肿，小枝多卷曲，不成材，木匠师傅对它连看都不看一眼。庄子心里明白，惠施这是在讥讽自己的"大而无用，众所同去"的观点。

对此，庄子这样回答道："你难道没看见过野猫吗？它们隐伏起来，伺机猎取出来活动的小动物，东蹿西跳，不避高低，往往触到机关，死于罗网之中。还有牦牛，庞大的躯体像天边的云，它能使自己很大，却不能抓老鼠。现在你有大树，担心它无用，为什么不把它种植在广阔无垠的旷野里，它可以生长得更加枝叶繁茂，来往行人可以逍遥自在地在它下面乘凉歇荫。这样，它就不会因为所谓无所用而感到有什么困苦。"

后人从这个故事中引申出成语"跳梁小丑"，比喻那些品格低下或并无什么真才实学者，为了达到个人私利或不可告人的目的而极尽捣乱、破坏之能事，但终究没有什么了不得，只不过是真正地暴露了他自己的丑恶嘴脸罢了。

知识密码

丑角——

丑角是中国戏剧的一种角色，一般是插科打诨、比较滑稽的角色。文丑以做工为主，武丑以武打为主，和净角中的三块瓦之间的区别不明显。

40 牟

字里乾坤

móu

牟

趣话汉字

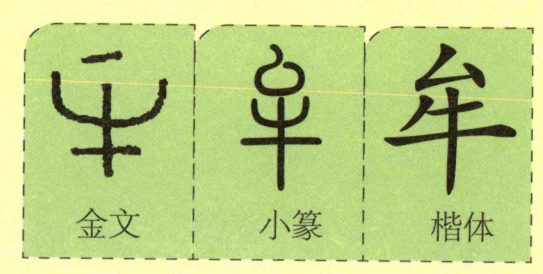

| 金文 | 小篆 | 楷体 |

牟,指事字。金文的下面是牛的头,上面加了一短撇指事符号,表示牛的叫声。随着演变,下部的牛头不变,上部的一短撇指事符号变成了"厶",像是牛鼻。后来,"牟"牛叫的意思消失,现在一般假借为"谋求"的意思,比如牟利、牟取。

汉字故事

秃山 (tū shān)

（北宋）王安石

吏役沧海上，瞻山一停舟。怪此秃谁使，乡人语其由。
一狙山上鸣，一狙从之游。相匹乃生子，子众孙还稠。
山中草木盛，根实始易求。攀挽上极高，屈曲亦穷幽。
众狙各丰肥，山乃尽侵牟。攘争取一饱，岂暇议藏收？
大狙尚自苦，小狙亦已愁。稍稍受咋啮，一毛不得留。
狙虽巧过人，不善操锄耰(yōu)。所嗜在果谷，得之常似偷。
嗟此海山中，四顾无所投。生生未云已，岁晚将安谋？

鉴赏：

在这首寓言诗里，王安石指出，海岛之山本来草木繁盛，但由于生活于岛上的猿猴搜求攘(ráng)争不已，既不知藏收，又不会操锄，由此造成了山荒岭秃，也造成了自己的穷愁困苦。在这孤零零的海山上，如此下去，又将如何生活？王安石深感官吏的侵贪是造成人民痛苦和国家积贫的根源。他的这一谴责，只能通过寓言诗的形式曲折隐晦地表达出来。

知识小密码

牟尼教——

明教正式名称为摩尼教，又作牟尼教，发源于古代波斯萨珊王朝，为公元3世纪中叶波斯人摩尼所创立，是一种带有诺斯底主义色彩的二元论宗教，主要教义为"二宗三际论"，崇尚光明。

41 牵

字里乾坤

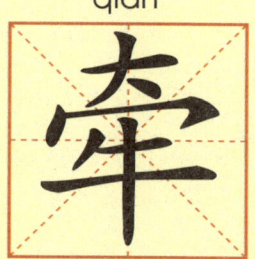

趣话汉字

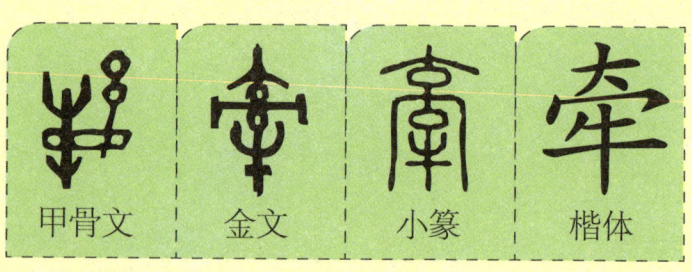

| 甲骨文 | 金文 | 小篆 | 楷体 |

牵，指事字。甲骨文的左边是一头牛的样子，右边是一串绳子，中间是一个类似圈圈的东西，像是在牛鼻子上系着一条绳子。所以，"牵"就是将绳子系在牛鼻子上拉牛的意思。金文继承甲骨文字形，用类似牛鼻栓的指事符号代替甲骨文字形中的圈圈。随着演变，字形越来越复杂。后来汉字简化，就将上面的绳子简化成了"大"，更加简洁。

汉字故事

千里姻缘一线牵

韦固小时候经常到河边去玩。一天晚上,他见一个慈祥的老人在月光下翻阅书信,一边看,一边用红线绳把两块石头系在一起。韦固随口问道:"老伯伯,你系石头干什么?"老人说:"我在给当婚的人牵线呢!这一对石头,就是世上一对夫妻呀!"韦固好奇地问:"那我的妻子是谁呢?"老人说:"就是村头看菜园子的女孩儿。"

韦固心想,那丫头又穷又丑,我可不要。第二天,他路过菜园,拾了一块石头向女孩砸过去,女孩扑通倒在地上,韦固也吓得逃往外乡。

后来,韦固做了大学士,一天,他到张员外家做客,看见张员外的外甥女美貌出众,心里便十分喜欢;姑娘看韦固仪表堂堂,心里也有几分爱意。张员外当下托媒人定了婚事,选了吉日。

洞房花烛夜,韦固细细端详爱妻,发现她的额角有一块小疤,就问她是怎么回事。小姐说:"小时候家里穷,有一天,我正在菜园里拾菜,不知哪个野小子砸了我一石头,因此留下了这个疤。"韦固听后,心里十分吃惊,就把月下老人的话告诉了妻子,他这才相信缘分是拆不散的。

从此,"千里姻缘一线牵"就流传下来了。

知识密码

牵牛星——

"牵牛星"也就是"河鼓二",即著名的"牛郎星""天鹰座α",又叫"大将军",在日文中称作"彦星"。它是排名全天第十二的明亮恒星。在星空观测中,是夏季大三角中的一角。

42 并

字里乾坤

bìng

趣话汉字

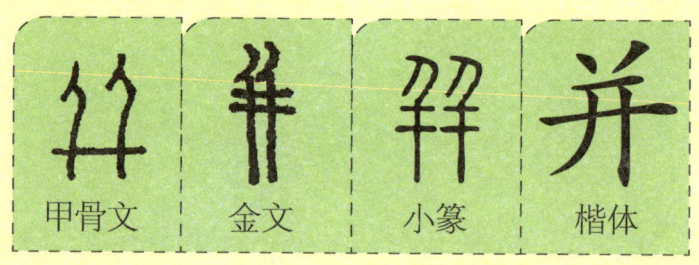

| 甲骨文 | 金文 | 小篆 | 楷体 |

　　并，指事字。甲骨文的上部是两个人，在下方加一横指事符号，表示两人的腿部动作是一致的，这就是"相提并论"的"并"。金文承续甲骨文字形，只是将下面的一横变成两横。随着演变，最后楷书将上部的两个人简化成了两个点，至此人形消失。

汉字故事

相提并论

窦婴是汉景帝刘启母亲窦太后的娘家侄子,他很有本事,善于用兵,在平定吴、楚七国之乱时功勋卓著,因此被封为大将军、魏其侯。刘荣被立为太子后,窦婴决定辅佐他。

后来,王夫人生下刘彻。景帝见刘彻聪明伶俐,萌生了另立太子的念头。王夫人觉察到景帝对栗姬有些厌烦,故意煽动景帝的情绪。她授意宫中负责礼仪的官员奏请立栗姬为皇后。景帝闻听大怒,说:"你有什么资格妄谈这事!"景帝余怒不息,下令处死这个官员。

又过了几个月,到了冬天的十一月,景帝突然下诏,废太子刘荣为临江王。窦婴没能保护好太子,觉得愧对满朝文武,从此称病在家,过起了隐士生活。许多人都来劝说窦婴上朝,他都听不进去。有个名叫商遂的人劝窦婴,说:"您无力使皇帝改变主意,又不能为此事殉(xùn)节,待在家中与美女厮混,如将这两件事相提而论,像是在故意显露皇帝的错误,做臣子的不该如此啊!"

窦婴也觉得自己太过分了,于是入朝办事。

后人便将"相提而论"说成"相提并论"。

知识密码

并蒂莲——

并蒂莲是荷花的一个变种,它的一根茎生出两朵花,两朵花都有花蒂,花蒂在花茎上连在一起,人们也称它为并头莲、同心芙蓉、合欢莲、瑞莲。古时候,人们就把并蒂莲视为吉祥、喜庆的征兆。

43. 方

字里乾坤

fāng

方

趣话汉字

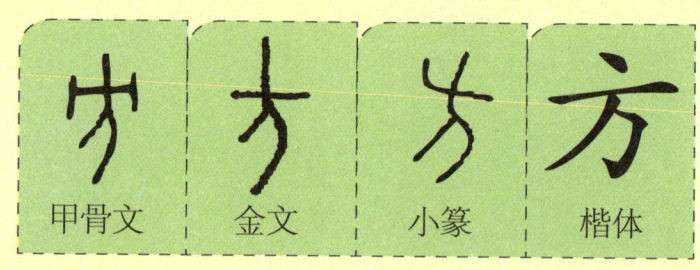

| 甲骨文 | 金文 | 小篆 | 楷体 |

方，会意字。甲骨文的下部像是两只船并排在一起的样子，上部的一横是指事符号，表示将两只船拴在一起。所以，"方"就是指并行的两船，泛指并行、并列的意思。金文和篆文继承甲骨文字形，变化不大，逐渐变成我们今天看到的字形。

汉字故事

孔方兄 (kǒng fāng xiōng)

晋惠帝元康年间(291～299),纲纪大坏,世风日下。惠帝昏聩(kuì)无知,朝纲旁落,政出多门,贿赂成风,很多人都贪得无厌。"竹林七贤"中的王戎,积累的钱无法计算,经常手持算具,昼夜计算,仍觉不够。他的弟弟王衍之妻郭氏,也是聚敛无厌的人,曾用钱来环绕床沿。驸马王济用铜钱做院墙,围成跑马射箭场,当时的人称之为"金埒"。太子少傅和峤,以"钱癖"著称。"唯钱是求"成为当时的社会风气。

针对这种社会现状,鲁褒作《钱神论》以讥讽世风。《钱神论》说:"钱之为物,无德而尊,无势而热,排金门而入紫闼。危可使安,死可使活,贵可使贱,生可使杀。是故忿争非钱不胜,幽滞非钱不拔,怨仇非钱不解,令问非钱不发……凡今之人,惟钱而已!"还说钱"为世神宝,亲之如兄,字曰'孔方'。失之则贫弱,得之则富昌","钱无耳,可使鬼"。

《钱神论》尖锐地讽刺了钱能通神使鬼、主宰一切的作用。这篇文章一出,立即引起了愤世嫉俗的人们的共鸣,被广泛传诵。"孔方兄"一词,也成为"钱"的同义语。

知识密码

尚方剑——

尚方剑是指中国古代皇帝收藏在"尚方"的剑,在汉代称尚方斩马剑,至明代称尚方剑,即皇帝御用的宝剑。持有尚方宝剑的大臣,具有先斩后奏等代表皇权的权力。

44 片

字里乾坤

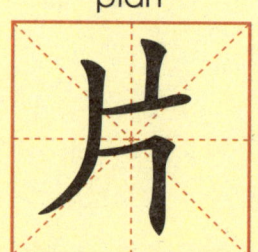

趣话汉字

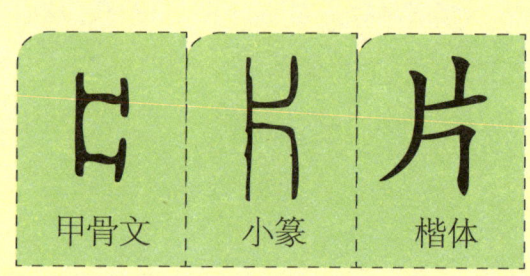

片，指事字。"片"的本义就是指劈开树木，甲骨文字形就像是劈开的木片一样。篆文继承甲骨文字形，只是将直笔变成曲笔，看起来更加美观。

汉字故事

韩陵片石 (hán líng piàn shí)

公元532年,高欢率军与朱尔兆在韩陵山决战。朱尔兆共有20万人,而高欢仅有3万人,众寡悬殊。高欢令全军布成圆阵,并用牛骡堵塞退路。军士见不杀败敌军,只有一死,于是人人奋勇向前,无不以一当十。经过激战,大获全胜。高欢大喜,在韩陵山修建定国寺,并让御史温子升撰写碑文歌颂战功。温子升才思敏捷,所撰碑文多用对偶句,气势宏伟,激情洋溢,绚丽多彩,读来朗朗上口。

南陈有一个叫徐陵的人,他少有奇才,8岁能写文章,12岁能读通老子和庄子的著作,声名远扬。后来,徐陵出使北方,来到邺城东边的韩陵山,读了温子升的碑文,惊叹不已,亲自手抄碑文珍藏。

后来,徐陵回到南陈,同僚问他北朝有什么杰出的人物,徐陵回答说:"只有韩陵片石啊!"在这里,他所说的"片石"是指刻有温子升文章的石碑,上面的文章文采飞扬,所以就说其片石也是宝贝,用于比喻文章写得好。徐陵把北朝人物多不放在眼里,但却钦服温子升,赞赏温子升的奇丽文才。从此,不仅温子升的声誉大为显扬,"韩陵片石"也成为大江南北人们仰慕的一大名胜。

知识密码

拓(tà)**片**——

广义来讲,拓片就是将宣纸蒙在器物表面,用墨拓印来记录花纹和文字的纸片。狭义地说,拓片主要指碑拓。历史上许多已经毁坏的碑刻,因有了拓片,后人才能看到原貌。

45 世

字里乾坤

shì

趣话汉字

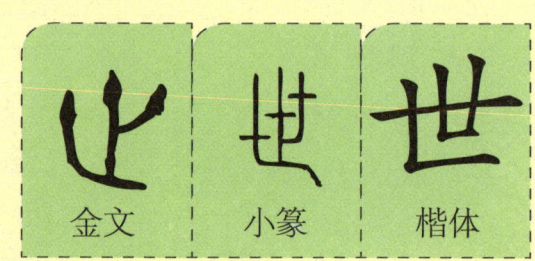

金文　小篆　楷体

世，指事字。金文上部像是人的脚趾，上面有三个圆点指事符号，表示过了三十年，这个人的生命永久停歇了。在古代，三十年就称作一世。到了篆文，在"止"上各加了一横指事符号。最后，到了楷书严重变形，直接将三横连成了一横，逐渐成为我们今天看到的样子。

汉字故事

悬壶济世
xuán hú jì shì

汉代的时候，有一年夏天，河南一带闹瘟(wēn)疫，死了许多人。

有一天，一个神奇的老人来到这里。他在一条巷子里开了一个小小的中药店，门前挂了一个药葫芦，里面盛了药丸，专治这种瘟疫。这位"壶翁"身怀绝技，乐善好施，凡是有人来求医，老人就从药葫芦里摸出一粒药丸，让患者用温开水冲服。就这样，喝了这位"壶翁"药的人，都好了起来。

当时，有一个汝南人，名叫费长房，他看见这个老翁在人群散去后便跳入壶中，觉得非常奇怪，于是就带了酒菜前去拜访。老翁便邀他同入壶中，费长房从此跟随他学道，壶翁尽授其"悬壶济世"之术。

虽然这个传说有些神话传奇色彩，但是他二人的精湛医术令人赞佩。也因为这个故事的流传，所以后人将行医称为悬壶，医生或诊所的贺词无一例外不是悬壶济世，而悬挂的那个葫芦更成了中医的标志。

知识密码

袁世凯——

袁世凯（1859～1916年），中国近代史上有名的政治家、军事家。辛亥革命期间逼清帝溥仪退位，以和平的方式推翻清朝，成为中华民国临时大总统。后企图称帝，仅做了83天皇帝便患病死去。

46 旬

字里乾坤

xún

旬

趣话汉字

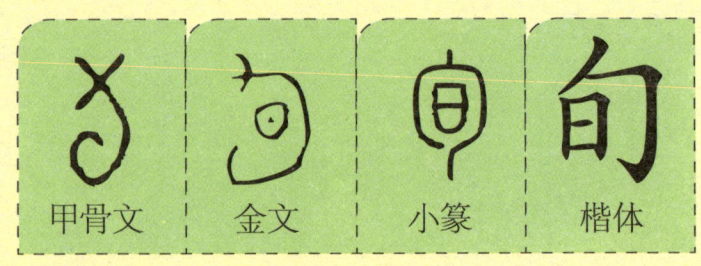

| 甲骨文 | 金文 | 小篆 | 楷体 |

旬,会意字。甲骨文上部的交叉记号是指事符号,表示由此开始,后来引长内曲,表示回环周遍。金文又在中间加了一个"日"字,表示"旬"与时间有关。随着演变,"旬"逐渐变成我们今天看到的字形。

汉字故事

旬休
xún xiū

旬休是我国唐代的官员休假制度。

我国的假日制度由来已久，最早出现在西汉时期。那时，政府官员也有休息日，叫作"休沐"。这是因为，官员休息那天要沐浴更衣，每五日返家休沐，称作"五日休"。

东汉时，这个制度又放宽了。《史记·万石张叔列传》载："官员每五日洗沐归谒(yè)亲。"它规定官员不但可以洗澡更衣等，还可以回家看望老小、夫妇团聚。

到了唐代永徽年间，改为"旬休"，官员每十天休息一天，分为上旬、中旬、下旬，当时叫作上浣、中浣、下浣。"浣"也是洗头洗身的意思。王勃在《滕王阁序》中说："十旬休假，胜友如云。"

知识密码

上旬、中旬、下旬——

"旬"是个时间概念，十天为一旬，一个月有上旬、中旬、下旬。

47 回

字里乾坤

huí

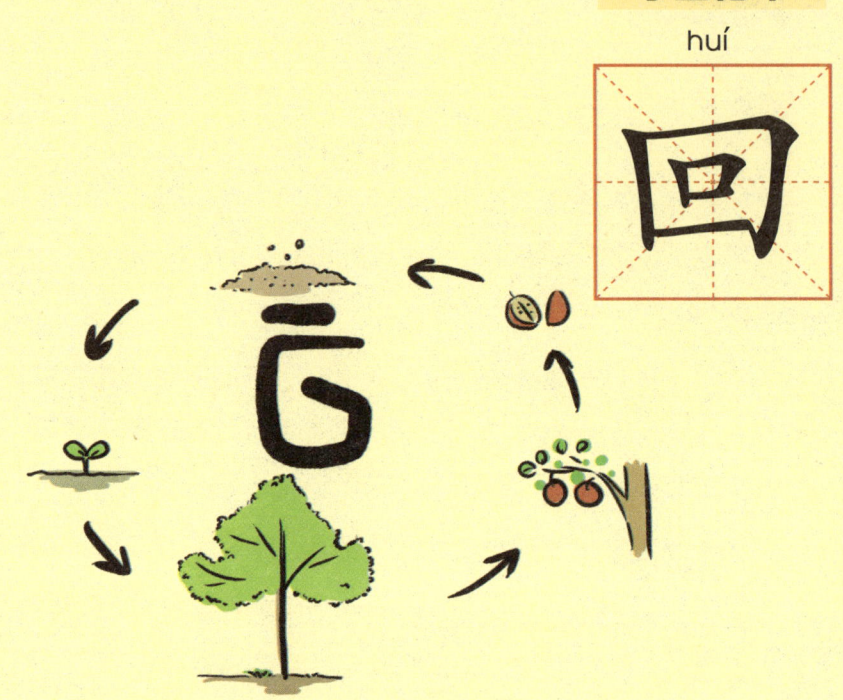

趣话汉字

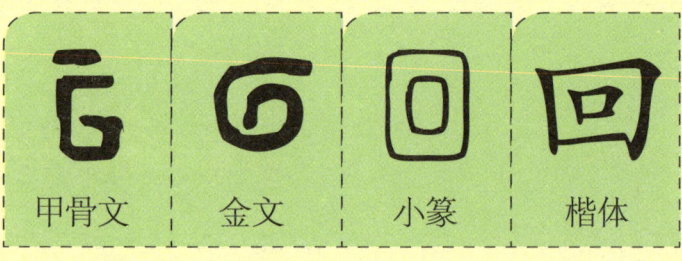

| 甲骨文 | 金文 | 小篆 | 楷体 |

回，指事字。甲骨文下方是一个圈状符号，上加一短横指事符号，表示事物的循环反复、周而复始。金文字形省去上面的短横指事符号，强化了螺旋循环的形象。篆文继承金文字形，将螺旋形写成内外两个圆圈。自此，字形开始定型。

汉字故事

起死回生 (qǐ sǐ huí shēng)

扁鹊是春秋战国时期的人,因为医术高超,被广大老百姓尊称为神医。

有一次,扁鹊路过虢(guó)国,见那里的百姓在进行祈福消灾的仪式,就问是谁病了,原来,太子死了已有半日了。扁鹊问明了详细情况,认为太子患的只是一种"尸厥(jué)"症,鼻息微弱,像死去一样,便亲去察看诊治。

他让弟子磨研针石,刺百会穴,又做了药力能入体五分的熨药,和八减方的药混合使用之后,太子竟然坐了起来,和常人无异。继续调适阴阳两天以后,太子就完全恢复了健康。

从此,天下人传言扁鹊能"起死回生",但扁鹊却否认,说他并不能救活死人,只不过能把应当活的人的病治愈罢了。

知识密码

回族——

回族是中国分布最广的少数民族。它是以伊斯兰教为纽带,经过数百年时间的融合而于元末明初形成的少数民族之一。历史上,回族人民为中华民族在经济、政治、文化事业上做出了杰出贡献。

48. 亘

字里乾坤

gèn

亘

趣话汉字

| 甲骨文 | 小篆 | 楷体 |

亘，指事字。甲骨文是一个收卷形状的卷子，中间加一横指事符号，表示将文卷展开。篆文继承甲骨文字形，上下各有一横。到了楷书，则将篆文字形中的"卷子"写成了"日"，面目全非。"亘"像古文的"回"，有连绵不断、伸展开去的意思，如"亘古未有"。

汉字故事

途中 (tú zhōng)

（唐）杨炯

悠悠辞鼎邑，去去指金墉(yōng)。
途路盈千里，山川亘(gèn)百重。
风行常有地，云出本多峰。
郁郁园中柳，亭亭山上松。
客心殊不乐，乡泪独无从。

译文：
胸怀愁闷地辞别京城，即将要去那边远小城。
路途何止千万里之远，就连山川都有好几座。
行路中忽然狂风大作，天空中也有云峰叠起。
园中的柳条多么青翠，山上的松树笔直挺立。
客游之人心中不快乐，只能独自流下思乡泪。

知识密码

亘古——

亘古指整个古代，远古。在梁启超的《读陆放翁集》中，就有"集中什九从军乐，亘古男儿一放翁"这样一句诗。

49 引

字里乾坤

yǐn

引

趣话汉字

| 甲骨文 | 金文 | 小篆 | 楷体 |

引，指事字。甲骨文就是一张大弓的样子，弓背上有一小画作为指事符号，表示这里是引弓的地方。金文继承甲骨文字形，篆文将原来弓背上的一小画变成独立的一竖画，字形开始定型。所以，"引"就是开弓的意思，开弓需要拉长，所以又引申为拉、牵挽的意思，如"引你去学校"。

汉字故事

引狼入室 (yǐn láng rù shì)

很久以前,有个牧羊人在山谷里放羊。他看见有只狼远远地跟着他,他就时刻提防着。几个月过去了,狼只是远远地跟着,并没有靠近羊群,更没有伤害一只羊。牧羊人渐渐地对狼放松了戒心。后来,牧羊人觉得狼跟在羊群后面有好处,不用再提防别的野兽了。再后来,他索性把狼当成了牧羊狗,叫它看管羊群。

牧羊人见狼把羊管得很好,心里想,人们都说狼最坏,我看不见得。

有一天,牧羊人有事要进城去,就把羊群托给狼看管,狼答应了。狼估计牧羊人已经进城了,就冲着山林中大声嗥叫了几声。它的嗥叫声引来了许许多多、大大小小的狼。就这样,那群羊全被狼吃掉了。

牧羊人从城里回来后,后悔自己引狼入室,不了解狼的本性,被狼的伪善欺骗了,让自己遭到了这么大的损失。

知识密码

药引子——

药引子是引药归经的俗称,指某些药物能引导其他药物的药力到达病变部位或某一经脉,起"向导"的作用。另外,"药引子"还有增强疗效、解毒、矫味、保护胃肠等作用。

50. 至

字里乾坤

zhì

趣话汉字

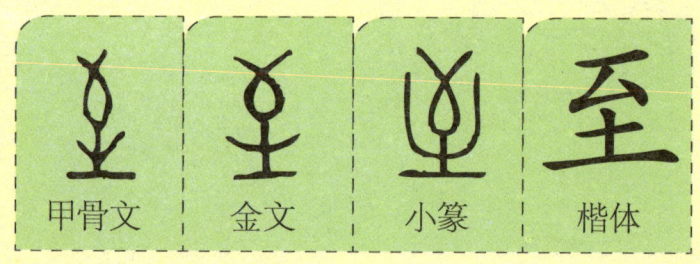

| 甲骨文 | 金文 | 小篆 | 楷体 |

　　至，指事字。甲骨文字形最下部的一横指事符号表示地面，地面上插着一支箭。所以，箭已经射到了地面上，这就叫"至"。金文字形基本与甲骨文相同，篆文继承金文字形，只是上面的箭已经严重变形。最后到了楷书，箭的样子已经完全看不出来了。

汉字故事

宾至如归
bīn zhì rú guī

春秋时，郑国的子产奉郑简公之命，出访晋国。晋平公摆出大国架子，没有迎接他。子产就命令随行人员把住处的围墙拆掉，把车马开进去。晋国大夫士文伯责备子产说："我国为保证诸侯来宾的安全，所以修了宾馆，筑了高墙。现在你们把墙拆了，来宾的安全由谁负责？"

子产回答说："我们郑国小，所以要按时前来进贡。这次贵国国君没有空闲接见我们，我们带来的礼物既不敢冒昧献上，又不敢让这些礼物日晒夜露。我听说从前晋文公做盟主时，接待诸侯来宾并不这样。那时宾馆宽敞漂亮，诸侯来了，像到家里一样。而今，你们的离宫宽广，宾馆却像奴隶住的小屋，门口窄小，连车子都进不去，客人来了不知什么时候才能被接见。这不是有意叫我们为难吗？"

士文伯回去向晋平公报告，晋平公自知理亏，便向子产认错道歉，并立刻下令重修宾馆。

"宾至如归"就是指客人到这里就像回到自己家里一样，形容招待客人热情周到。

知识密码

冬至——

冬至日一般是每年的12月21、22日或23日，太阳直射点在南回归线上，北半球各地夜最长，昼最短。"冬至"又称为"至节"，它是"阴极之至"、是"阳气始至"，也是"日行南至"的节日。

51 刃

字里乾坤

rèn

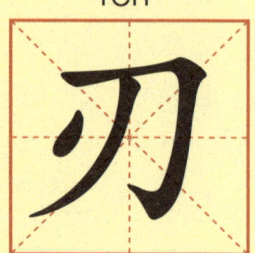

趣话汉字

| 甲骨文 | 小篆 | 楷体 |

刃，指事字。甲骨文字形就是刀头向右歪的一把刀，在它的刃部位置加了一个点儿，作为指事符号，表明这个地方最锋利，是刀刃所在。篆文在刀锋线上加点，明确刀锋位置，并将刀柄写成了弯柄，同时刀头朝左歪，字形开始定型。

汉字故事

兵不血刃
bīng bù xuè rèn

东晋的屯骑校尉郭默作战勇敢，曾与后赵的建立者石勒等作过战，石勒等都很怕他。但他一贯骄横跋扈，把谁都不放在眼里，有一次因为泄私愤竟然杀死了平南将军刘胤(yìn)。事后，他还大胆伪造诏书，诬陷刘胤谋反，向各州郡通报。这件事暴露后，宰相王导怕朝廷无力惩处他，不但不向他问罪，反而加封他。

陶侃知道这件事后，就写信给王导，要求他采取果断措施处理。信中有两句话写得非常有力："郭默杀害州官，朝廷就任命他当州官。难道他杀害宰相，也就让他当宰相不成！"

王导读了这封信，便派陶侃率军去讨伐郭默。郭默深知陶侃领兵作战十分厉害，听说他亲自来讨伐，非常焦急，打算率军离开江州南下。但郭默还未离城，陶侃的大军就已经将江州团团围住。

郭默想固守城池，但又知道自己不是陶侃的对手，怕城破后难逃性命；想开城门投降，又怕朝廷要杀他的头，真是左右为难。这时，他手下的一名将军见大势已去，就将他逮捕后开城门投降。这样，陶侃兵不血刃，成功平定了叛乱。

知识密码

五刃——

原来指刀、剑、矛、戟、矢五种兵器，后来泛指兵器。

52 勿

字里乾坤

wù

勿

趣话汉字

| 甲骨文 | 金文 | 小篆 | 楷体 |

勿，指事字。甲骨文是一把刀头向左弯的刀，其中的三点是指事符号，表示用刀割东西而粘附于刀上的物屑。这些物屑是要丢弃的，所以"勿"就是不要的意思。金文继承甲骨文字形，到了篆文，就将其中的几点变成了撇，这就是今天的字形了。

汉字故事

己所不欲，勿施于人
(jǐ suǒ bù yù, wù shī yú rén)

春秋时，仲弓问孔子：“究竟如何处世，我们才能与仁道相匹配呢？”

孔子回答道：“出门向同人行礼时，要像接见贵客一般；对待民众，要像面临大祭一样凝重，己所不欲，勿施于人。如此的话，在朝上就不会招谁怨，在私下的交往中也不招谁恨。”

仲弓感谢道：“我虽然迟钝，但一定会牢记先生的话。”

"己所不欲，勿施于人"是由孔子提出的一种准则。也就是，你要求别人做什么时，首先自己也要愿意这样做，或你自己也做到如别人这样了，你的要求才会心安理得。通俗的理解就是，自己做不到，便不能要求别人去做到。

人应该有宽广的胸怀，待人处世之时切勿心胸狭窄，而应宽宏大量，宽恕待人。倘若自己所不欲的，硬推给他人，不仅会破坏与他人的关系，还会将事情弄僵而不可收拾。

知识密码

勿以善小而不为——

"勿以恶小而为之，勿以善小而不为。"这是刘备临终前告诫儿子刘禅的话，是说不要因为恶事看起来很小就去做，善事看起来很小就不去做，因为积小可以成大。

53. 兵

字里乾坤

bīng

兵

趣话汉字

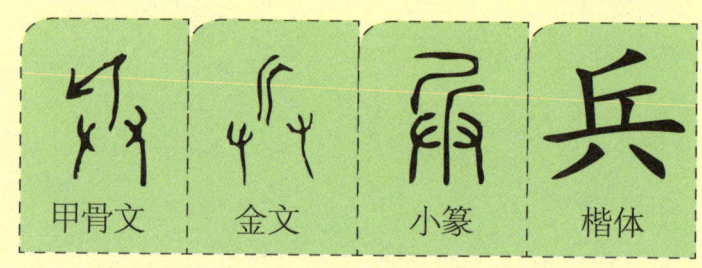

| 甲骨文 | 金文 | 小篆 | 楷体 |

兵，会意字。甲骨文字形的上部是一把弯柄的大斧头，朝左的箭头表示斧刃，斧柄两侧是两只手，也就是双手举斧之意。金文继承甲骨文字形，只是斧头转向右边，双手未变。到了篆文，上部的斧头已看不出形状。最后，下面的手形也变成了两点，逐渐成为现在看到的"兵"。

汉字故事

厉兵秣马
lì bīng mò mǎ

春秋时期,秦国派杞子、逢孙、杨孙三人领军驻守郑国,却美其名曰:帮助郑国守卫其国都。公元前628年,杞子秘密报告秦穆公,说他已掌握了郑国国都北门的钥匙,如果秦国进攻郑国,他将协作内应。秦穆公接到杞子的密报后,不听大夫蹇叔的劝阻,立即派孟明、西乞术、白乙丙三位将军率兵进攻郑国。

秦军长途跋涉来到滑国,刚好被在这里做生意的郑国商人弦高碰到。弦高一面派人向郑穆公报告,一面到秦军中谎称自己是代表郑国前来慰问秦军的。弦高的这一举动引起了袭郑秦军的怀疑,秦国怀疑郑国已做好了准备,所以犹豫不决。

郑穆公接到了弦高的报告后,急忙派人到都城的北门查看,果然看见杞子的军队"束载、厉兵、秣马矣",即人人扎束停当,兵器磨得雪亮,马喂得饱饱的,完全处于一种作为内应的作战状态。对此,郑穆公派太子向杞子说:"很抱歉,未能好好款待各位。你们的孟明就要来了,你们跟他走吧!"杞子等人见事情已经败露,便分别逃往齐国和宋国去了。孟明得知此消息后,也下令撤军。

成语"厉兵秣马"就出自这里,意思指准备战斗。

知识密码

骑兵——

古代指骑着马、骆驼或者大象等动物的兵种。在近代和现代,凡具有灵活机动特性的轻装快速反应部队都可称为骑兵。

54 王

字里乾坤

wáng

趣话汉字

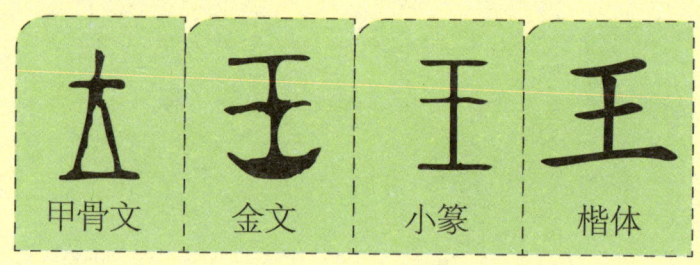

| 甲骨文 | 金文 | 小篆 | 楷体 |

王，指事字。甲骨文就是一个斧头的形象，下端是斧刃，上端是斧柄。金文继承甲骨文字形，下端的斧刃更像实物，还在斧头上加了一横的指事符号，表示"王"是超级的"士"。随着演变，字形开始简洁规范化，就成为我们今天看到的"王"字了。

汉字故事

王顾左右而言他
（wáng gù zuǒ yòu ér yán tā）

孟子对齐宣王说："如果有一位大王的臣子，将妻子儿女托付给朋友照顾而自己到楚国去游历，等他回来时，却发现他的妻子儿女在挨饿受冻，对这样的朋友应该怎么办？"

齐宣王说："和他绝交。"

孟子说："如果司法官不能管理好下属，那该对他怎么办？"

齐宣王说："罢免他。"

孟子说："假如一个国家没有治理好，那该对王怎么办？"

齐宣王环顾左右，把话题扯到其他地方去了。

"王顾左右而言他"的本意是指齐宣王左右张望，把话题扯到一边去了。现在成为大家常用的成语，指离开话题，回避难以答复的问题。

知识密码

兰陵王——

高长恭，神武帝高欢之孙，南北朝时期北齐宗室、将领，封爵兰陵王。高长恭貌柔心壮，音容兼美，在邙山之战中名声大振，士兵们为此战而讴歌他，即后来知名的《兰陵王入阵曲》。

55. 乍

字里乾坤

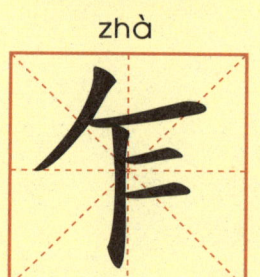

趣话汉字

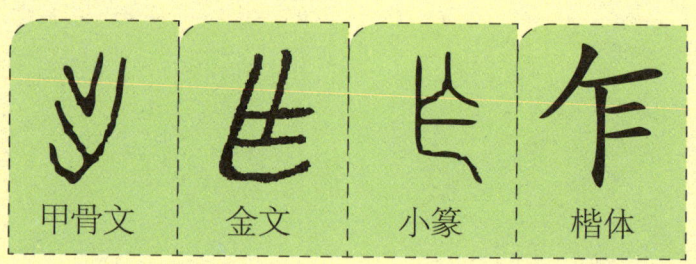

| 甲骨文 | 金文 | 小篆 | 楷体 |

乍，指事字。甲骨文字形像是一把刀，刀形的上方还有一个缺口指事符号，表示用刀削刻器物。金文和篆文继承甲骨文字形，不过刀具上的缺口写法变化较大。"乍"就是指用刀具砍削、制作器物的意思，后来引申为突然之意，如"初来乍到"。

汉字故事

乍暖还寒
zhà nuǎn huán hán

寻寻觅觅，冷冷清清，凄凄惨惨戚戚。乍暖还寒时候，最难将息。三杯两盏淡酒，怎敌他、晚来风急？雁过也，正伤心，却是旧时相识。

满地黄花堆积。憔悴损，如今有谁堪摘？守着窗儿，独自怎生得黑？梧桐更兼细雨，到黄昏、点点滴滴。这次第，怎一个愁字了得！

在乍暖还寒的秋天，气候忽冷忽热，冷热不定，宋代女词人李清照写下了这首《声声慢·寻寻觅觅》。作品通过描写残秋所见、所闻、所感，抒发自己因国破家亡、天涯沦落而产生的孤寂落寞、悲凉愁苦的心绪，具有浓厚的时代色彩。

公元1127年，北宋灭亡。李清照的夫婿赵明诚在这年南下金陵奔母丧。8月，李清照南下，前来会合。赵明诚家在青州，有书册十余屋，全因兵变被焚。公元1129年，赵明诚因病去世，李清照当时46岁。

后来，金兵入侵浙东、浙西，李清照追随流亡中的朝廷由建康到浙东，饱尝颠沛流离之苦。国破家亡，丈夫去世，一连串的打击使李清照心情悲凉，亡国之恨，丧夫之哀，孀居之苦，凝集心头，无法排遣，《声声慢》就这样诞生了。

知识密码

初来乍到——

"乍"就是刚刚的意思，"初来乍到"就是指刚刚来到一个新地方，常被当作表示自己经验不足的谦辞来使用。

56 必

字里乾坤

bì

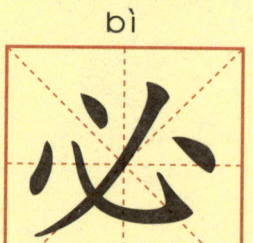

趣话汉字

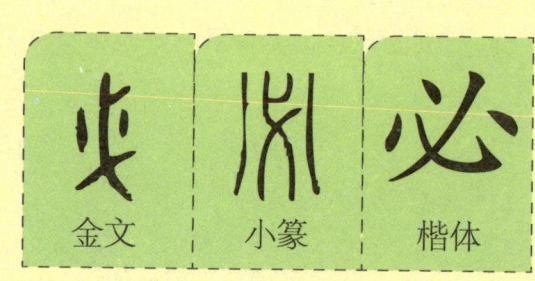

金文　小篆　楷体

必，指事字。金文上部的缺口处可以捆绑器械，其下为弯曲的手柄，手柄上加两竖指事符号，表示手柄的多层特性。所以，"必"就是指戈、矛等器械的手柄。篆文承续金文字形，楷书变形，成了"心"字加一撇的结构，自此"戈"形消失。

汉字故事

骄兵必败
jiāo bīng bì bài

汉朝的军队经常在周边地区和匈奴的军队发生战争。在公元前68年，又发生了一次战争，汉军夺了车师，匈奴也派骑兵袭击车师。

听到这个消息，汉宣帝赶忙召集群臣商量对策。在群臣中有两种意见：将军赵充国主张攻打匈奴，使他们不再骚扰西域；而丞相魏丞则不以为然，他对汉宣帝说："近年来匈奴并没有侵犯我们的边境。我们边境上的老百姓生活困难，怎能为了一个小小的车师去攻打匈奴呢？况且，我们国内还有许多事情要做，不但有天灾还有人祸。官吏需要治理，违法乱纪的事情也在增多。现在摆在眼前的事情不是去攻打匈奴，而是整顿朝政，治理官吏，这才是大事。"

接着，魏丞又指出了攻打匈奴的错误之处："如果我们出兵的话，即使是打了胜仗，也会后患无穷。仗着国大人多而出兵攻打别人，炫耀武力，这样的军队就是骄横的军队。而骄兵必败，一支骄横的军队一定会灭亡。"

汉宣帝认为魏丞说的有道理，便采纳了他的意见。

知识密码

忽必烈——

忽必烈（1215～1294），蒙古族政治家、军事家，监国托雷第四子，元宪宗蒙哥的弟弟。他既是大蒙古国的末代可汗，也是元朝的开国皇帝，蒙古尊号"薛禅汗"。

57 辛

字里乾坤

xīn

趣话汉字

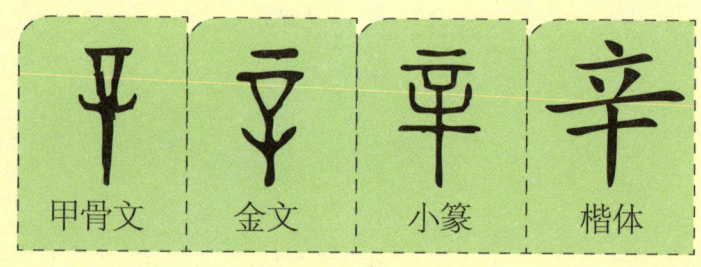

| 甲骨文 | 金文 | 小篆 | 楷体 |

辛，指事字。甲骨文字形就是一把平头刀的样子，上部是刀头，下部是一个长刀把。金文在最上部加了一横指事符号，表示要铲割的东西。到了篆文，又在下部添上一横，表示刀把的"挡手"所在，字形开始定型。"辛"就是刀，因为用刀劳动是一件辛苦的事，所以才有"辛苦"这个词。

汉字故事

苦辛吟 (kǔ xīn yín)

(唐) 于濆(fén)

垄上扶犁儿,手种腹长饥。窗下抛梭女,手织身无衣。
我愿燕赵姝,化为嫫(mó)母姿。一笑不值钱,自然家国肥。

译文:

在田垄上扶犁耕种的男儿,手中播种腹中却空空无食。
窗下抛掷梭子织布的女子,手中织布身上却没有衣服。
在我心中有一个小小愿望,希望燕赵的美女变为嫫母。
她们的笑容不再那么值钱,贫苦人家也许就富有了吧。

赏析:

这首诗前四句表现下层人民的饥寒,后四句表现上层社会的奢靡;两相对照,深刻地反映了封建社会中的不合理现象。全诗用的是对比手法,前半首用的是"推理对比",后半首用的是"转化对比"。

知识密码

五辛——

五种有辛味之蔬菜,又叫五荤,与酒、肉同为佛家弟子所禁食之物。关于五辛有一些不同的说法,归纳起来主要有两种:1. 大蒜、革葱、慈葱、兰葱、兴渠;2. 蒜、葱、兴渠、韭、薤(xiè)。

58 戈

字里乾坤

趣话汉字

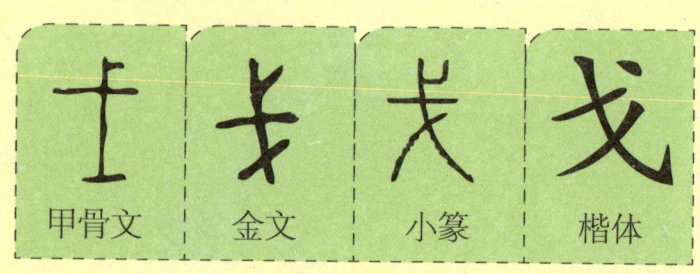

| 甲骨文 | 金文 | 小篆 | 楷体 |

戈，指事字。"戈"其实是一种兵器，甲骨文的上部有一点指事符号，代表"戈"锋利的"刃"，下部是"戈"的长柄。金文继承甲骨文字形。到了篆文，字形严重变形，下部的长柄完全不像了。有一个成语叫"金戈铁马"，就是形容战士们在战场上持枪驰马的雄姿。

汉字故事

化干戈为玉帛
huà gān gē wéi yù bó

在远古时期，夏部落的首领叫鲧(gǔn)，即禹的父亲。他特意建造了一座三仞高的城池，打算用它来保护国家，于是将自己的百姓圈在其中，不让任何人出城，搞得大家人心惶惶，都想离开他。与此同时，别的部落又对夏部落一直虎视眈眈。

等禹当上了首领后，他发现了这一情况，就拆毁了城墙，填平了护城河，同时把财产分给大家，也毁掉了兵器。他明白，用强迫的手段是不能使民众归顺和信服的，只有用道德和仁爱来教导人民，人民才会心甘情愿地拥护自己。果然，大家都对禹的行为称赞不已，各尽其职，而别的部落也表示愿意来归附。

后来，禹在涂山开首领大会时，来进献玉帛珍宝的部落首领成千上万。大家化干戈为玉帛，放下兵器，重修于好，相互礼尚往来。

知识密码

止戈为武——

武字是由止戈两个字组成的，所以说，要能止戈，也就是停止战争，才是真正的武功。后来也指不用武力而使对方屈服，才是真正的武功。

59 介

字里乾坤

jiè

趣话汉字

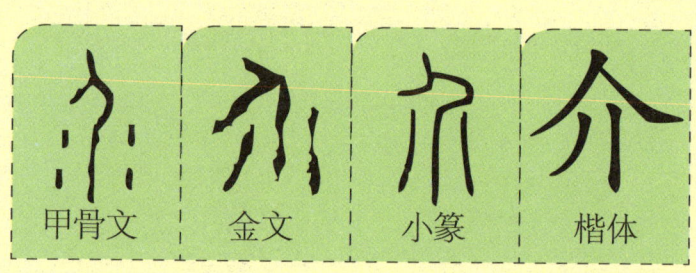

| 甲骨文 | 金文 | 小篆 | 楷体 |

介,指事字。甲骨文字形像一个面朝左侧站立的人,腿部的前后四点是指事符号,表示护身的铁甲。金文和篆文继承甲骨文字形,不过其甲衣已成为前后两片了。到了楷书,"人"在上面,甲衣在下面,字形开始定型。

汉字故事

一介书生,投笔从戎

西汉时的班超有远大的志向,不拘小节。他早年是一介书生,能言善辩,通览历史典籍,在家孝顺父母,常干辛苦的事,不以劳动为耻辱。

永平五年(公元62年),哥哥班固被征召做校书郎,班超和母亲跟到洛阳。因为家里穷,他常被官府雇用去抄书养家。日子久了,他再也不甘心做这种乏味的抄写工作了。

有一天,他抄着抄着,突然觉得很闷,忍不住站起来,丢下笔说:"大丈夫没有更好的志向谋略,应该像傅介子、张骞一样立功在异地,因此获得封侯,怎么能像这样长期困在笔砚间忙碌呢?"

旁边的人听到这句话,都嘲笑他,班超却说:"小人物怎么能了解壮烈之士的志向呢?"

后来,班超投笔从戎,果真在西域立了功,被封为定远侯。

知识密码

介子推——

介子推,春秋时期晋国人,介子推曾"割股奉君"、"辞官不言禄",隐于绵山。晋文公欲求不得,放火焚山,想逼他出来,不料他抱树而死。"寒食节"便是为了纪念他。

60 甲

字里乾坤

jiǎ

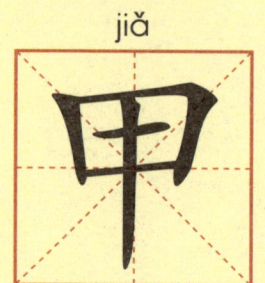

趣话汉字

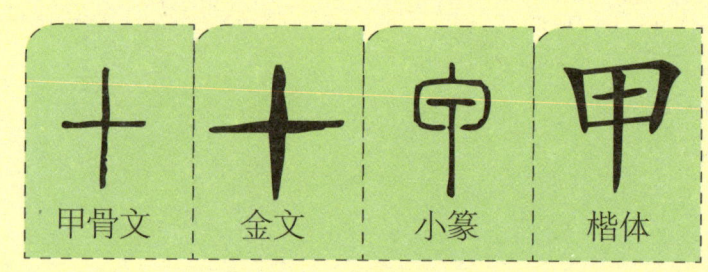

| 甲骨文 | 金文 | 小篆 | 楷体 |

甲，会意字。甲骨文字形就是一横一竖组成的指事符号，代表古代武士身上穿的甲片间的"十"字缝。所以，"甲"就是指古代战士穿的护身衣。金文继承甲骨文字形，篆文发生变化，上部变成了半圆形的物体。最后，到了楷书，上部的半圆形完全写成了"口"形，也就是我们今天看到的"甲"字。

汉字故事

cóng jūn xíng
从军行

（唐）王昌龄

青海长云暗雪山，孤城遥望玉门关。
黄沙百战穿金甲，不破楼兰终不还。

译文：

青海上空的阴云遮暗了雪山，站在孤城遥望远方的玉门关。
塞外身经百战磨穿了盔和甲，不打败西部的敌人誓不回还。

赏析：

在青海湖上空之中，云气漫天；在湖的北面，是绵延千里的隐隐出现的雪山；而翻过雪山之后，则能看到在荒漠中的一座孤城；接着向西，则是和古城相对的军事要塞——玉门关。这样一幅苍凉沉静的画面，就是在西北守卫边疆的将士生活、战斗的环境。

黄沙漫漫的环境，百战的艰辛，以至于金甲也被磨穿了，可见战斗有多么辛苦。可是，尽管如此，将士的报国志向却没有消磨，因为，在他们心中，"不破楼兰终不还"。一二两句，境界阔大，感情悲壮，蕴涵丰富；三四两句之间，形成鲜明对照。

知识密码

甲骨文——

甲骨文，又称"契文""甲骨卜辞"或"龟甲兽骨文"，是中国已知最早成体系的文字形式。它上承原始刻绘符号，下启青铜铭文，是汉字发展的关键形态，被称为"最早的汉字"。

61 乏

字里乾坤

fá

趣话汉字

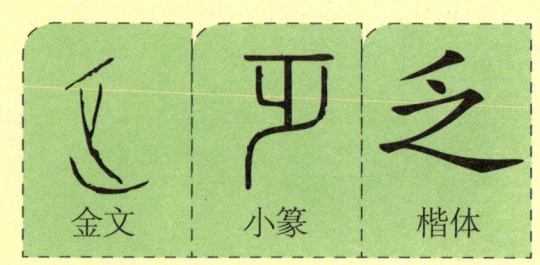

| 金文 | 小篆 | 楷体 |

乏，指事字。古人称出征凯旋为"足"，称征而无获为"乏"。金文在"止"的上方加一撇指事符号，表示出征无获。篆文略有变形，楷书已经完全看不出"足"字反写的样子了。现在，"乏"一般表示无力的、困倦的意思，比如困乏、疲乏、人困马乏等。

汉字故事

病入膏肓，回天乏术
bìng rù gāo huāng huí tiān fá shù

春秋时期，晋景公得了重病，听说秦国有一个医术很高明的医生缓，便专程派人去请来。

医生还没到，晋景公恍惚中做了个梦，梦见他的病变成了两个童子，正悄悄地在他身旁说话。

一个说："那个高明的医生缓马上就要来了，我看我们这回难逃了，我们躲到什么地方去呢？"另一个小孩说道："这没什么可怕的，我们躲到肓的上面，膏的下面，无论他怎样用药，都奈何我们不得。"

不一会儿，缓就到了，他立刻被请进了晋景公的卧室，替晋景公治病。诊断后，缓对晋景公说："这病已没办法治了。疾病在肓之上，膏之下，用灸法攻治不行，扎针又达不到，吃汤药，其效力也达不到，我回天乏术。"

后来，人们就用"病入膏肓"和"回天乏术"来形容病情严重，已经到了无药可医的程度，也比喻事情到了无可挽回的地步。

知识密码

乏军兴——

乏军兴是古代违反军律的一种罪名。耽误军事行动或军用物资的征集调拨，叫"乏军兴"。

62 氏

字里乾坤

shì

趣话汉字

| 甲骨文 | 金文 | 小篆 | 楷体 |

氏，指事字。甲骨文字形是一个面朝右侧立的人，手中支撑着一个物体。金文中人形的手臂下垂，表示提起、支撑手中的物体。篆文将圆点写成短横，字形逐渐定型。如今，"氏"的本义已经消失，后被假借为"氏族"，是古代贵族标志和宗教系统的称号。

汉字故事

燧人氏钻木取火
suì rén shì zuàn mù qǔ huǒ

在上古洪荒时期，人们不知道有火，也不知道用火。到了黑夜，四处一片漆黑，野兽的吼叫声此起彼伏，人们蜷缩在一起，又冷又怕。由于没有火，人们只能吃生的食物，因此经常生病，寿命也很短。

天上有位大神，他想让人们知道火的用处，就在山林中降下一场雷雨，雷电劈在树木上，树木燃烧起来，变成了熊熊大火。人们自此知道了火的存在，并懂得用它来取暖和烧烤食物。

有一个年轻人，为寻找火种，决定去一个叫遂明国的地方。他历经千辛万苦来到了遂明国，可是这里根本没有火。年轻人非常失望，就坐在一棵叫"遂木"的大树下休息。突然，他发现有几只大鸟正在用短而硬的喙(huì)啄树上的虫子。只要它们一啄，树上就闪出明亮的火花。年轻人看到这种情景，立刻折了一些遂木的树枝，用小树枝去钻大树枝，树枝上果然闪出了火光。他想其他树枝是否也能这样，于是找来各种树枝，然后用不同的树枝进行摩擦。终于，树枝上冒烟了，然后出火了。

年轻人回到了家乡，为人们带来了永远不会熄灭的火种——钻木取火的办法。人们推举他做首领，并称他为"燧人"，也就是取火者的意思。

知识密码

伏羲氏——

伏羲是古代传说中华民族的人文始祖。相传伏羲人首蛇身，他发明了八卦占卜的方法，创造文字，结束了"结绳记事"的历史。他又结绳为网，用来捕鱼打猎，并教会了人们渔猎的方法。

63 亏

字里乾坤

kuī

趣话汉字

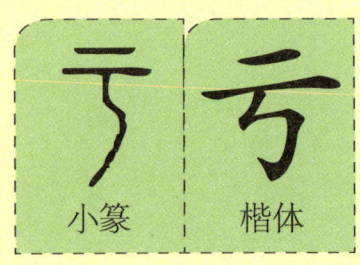

小篆　楷体

　　亏，指事字。篆文字形的下面是一个号角，上面加一横作指事符号，表示气力不足，没有将号角吹响的意思。之后，楷书继承篆文字形，字形变化不大。这就是"吃亏"的"亏"字，表示损失。

汉字故事

功亏一篑
gōng kuī yī kuì

古时候,有一个人要筑一座九仞高的山。他很卖力,每天都起得很早,认认真真地堆了一年又一年,不论严寒酷暑,废寝忘食地从远处挖土,再挑土,然后堆到山包上。

终于有一天,他就要完工了。这一天,他如往常一样,听到鸡叫就马上起床开工,一筐又一筐向上堆,眼看只差一筐土山就有九仞高了。这时他一摸肚子,正咕咕叫,又看天下起雪来,心想只有一筐土,用不着那么着急,等明天再来堆也是一样的。于是他就回家去了。

可是,自此以后,他总认为只剩下一筐土,不用着急,因此这一筐土直到他死,也没能堆上。"功亏一篑"这个成语便出于此,比喻做事情只差最后一步没能完成。

知识密码

亏空——

亏空,指财用入不敷出,以致负债,或是挪用了公款而无法弥补。

64 币

字里乾坤

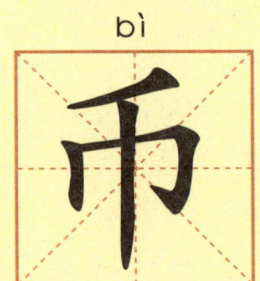

趣话汉字

小篆　楷体

　　币，指事字。篆文的下部是一个"巾"字，上部加了一横指事符号，表示这是一种特殊和高级的丝帛，十分名贵。楷书继承篆文字形，字形相似。值得一提的是，在手工纺织时代的早期，精致的丝巾极为宝贵，以致成为财富的象征。

汉字故事

汉武帝币制改革
（hàn wǔ dì bì zhì gǎi gé）

西汉自建立以来，币制混乱，郡(jùn)国铸币失控是汉景帝时期七国之乱发生的原因之一。汉武帝即位后，为了经济管理和政治统治上的需要，他十分重视币制问题，先后进行了六次币制改革。

第一次改革，公元前140年，汉武帝行三铢(zhū)钱；第二次改革，公元前136年，汉武帝又"罢三铢钱，行半两钱"；第三次改革，公元前119年，汉武帝又下令重新铸造三铢钱，并造白鹿皮币和白金三品；第四次改革，公元前118年，仅仅在上次改革一年后，汉武帝又废三铢钱，改铸五铢钱；第五次改革，公元前115年，汉武帝命人新铸"赤仄(zè)五铢"，它质量上乘，一枚等同于郡国五铢钱五枚之值。

由于"赤仄五铢"的比价是郡国五铢钱的五倍，在流通过程中产生诸多不便，而且因为盗铸获利更多，故吸引了私铸与盗铸者。所以在公元前113年，汉武帝发起最后一次改革，将铸币权从各郡国收归中央政府，由中央政府对五铢钱进行统一铸造和发行。"三官五铢"或"上林三官钱"便是该次改革后铸造的五铢钱，而"三官五铢"的发行，一举解决了困扰西汉金融多年的私铸、盗铸问题，汉武帝的币制改革至此取得了较大成功。

知识密码

白鹿皮币——

指以兽皮制成的货币，汉武帝于元狩四年（公元前119年）发行白鹿皮币，用宫苑中的白鹿皮制成。皮币每张一方尺，饰以彩画，值四十万钱。

65 丹

字里乾坤

dān
丹

趣话汉字

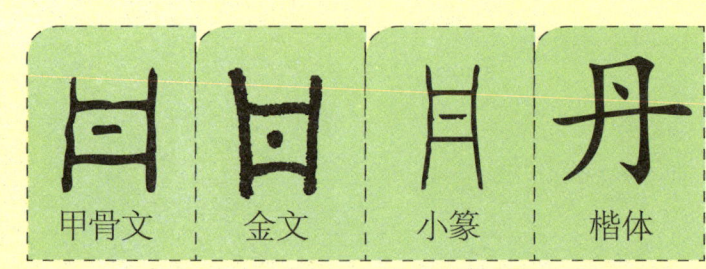

| 甲骨文 | 金文 | 小篆 | 楷体 |

丹,指事字。"丹"就是矿井中采掘的丹砂,甲骨文在一口矿井的中间加了一横指事符号,表示矿井中的矿物"丹砂"。金文和篆文承续甲骨文字形,后来楷书为了区别于"舟",便将字体变形成为"丹"。

汉字故事

丹书铁券
dān shū tiě quàn

丹书铁券,是封建帝王颁发给功臣、重臣的一种带有奖赏和盟约性质的凭证,类似于现代普遍流行的勋章,只不过其形制稍有不同,内涵较为宽泛。

据史料记载,汉高祖刘邦为了巩固其统治,笼络功臣,便颁给功臣丹书铁券,作为褒奖。当时的铁券还无免罪和免死等许诺,仅作为一种封侯的凭证。南北朝时期,北魏孝文帝颁发给宗室、亲近大臣的铁券是作为护身防家之用的。南朝的宋齐梁陈四代,颁发铁券已较为普遍。

到了隋唐时期,颁发铁券已成常制,凡开国元勋、中兴功臣以及少数民族首领皆赐给铁券,也给宠宦、宦官颁发铁券。宋元明清时期,铁券的颁赐形式逐渐趋于完备。明代起就有整套制度,朝廷根据功臣、重臣爵位的高低分为七个等次,各依品级颁发给铁券,不得逾越。

铁券上的文字在汉时用丹砂填字,即"丹书铁契";梁时用银填字,即"银券";隋时用金填字,亦称"金券",所以后世称铁券为"金书铁券",又因铁券可以世代相传,又称铁券为"世券"。

知识密码

丹墀(chí)——
古时宫殿前的石阶以红色涂饰,所以叫作丹墀。

66 示

字里乾坤

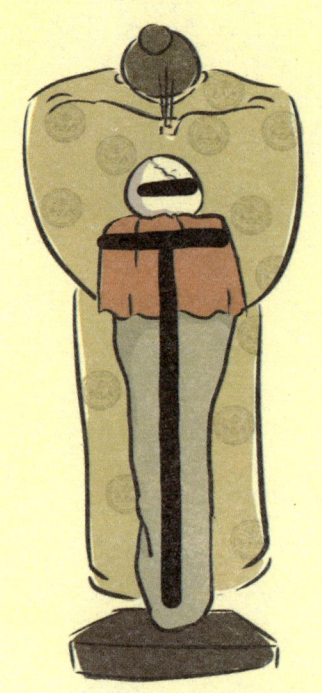

趣话汉字

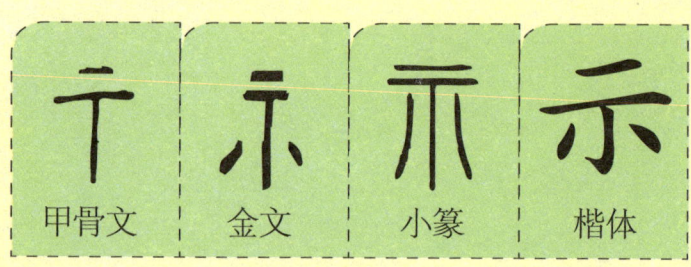

示，指事字。甲骨文字形是一个"T"，像一个灵石，上面有一横指事符号，代表放在上面的祭品。后来，金文将灵石的底座简化为"小"字形的支架。随着演变，字形逐渐看不出灵石的样子，变成上面是"二"，下面是"小"的字形了。"示"就是指灵石，因为灵石上要放祭品，同时给人看，才又引申为"给人看"的意思，如"展示"。

汉字故事

陆游与《示儿》

陆游是南宋著名的诗人，少年时，他就受到家庭中的爱国思想熏陶。高宗时应礼部的考试，却被秦桧所黜。孝宗时，赐他进士出身。他中年进入蜀地，投身军旅生活，官至宝章阁待制。晚年退居家乡，但收复中原的信念始终未变。

《示儿》这首诗就是陆游收复中原之心的最好表现。

死去元知万事空，

但悲不见九州同。

王师北定中原日，

家祭无忘告乃翁。

此诗是陆游爱国诗中的一首名篇。陆游一生致力于抗金斗争，一直希望能收复中原，虽然频遇挫折，却仍然未改变初衷。从诗中可以领会到陆游的爱国激情是何等执着、深沉、热烈、真挚。他始终如一地抱着当时汉民族必然要光复失地的信念，对抗金事业具有必胜的信心。题目是"示儿"，相当于遗嘱。在短短的篇幅中，他披肝沥胆地嘱咐着儿子，无比光明磊落，浓浓的爱国之情跃然纸上。

知识密码

颐示——

颐，就是面颊，腮。颐示，就是用面颊来指示，形容人的态度比较傲慢。

67 丸

字里乾坤

wán

丸

趣话汉字

小篆　楷体

丸，指事字。篆文字形是"仄"的反写，"丸"是圆形物，"仄"是倾侧的意思。一个圆形物能倾侧反转而形体不变，这就是"丸"。随着演变，最后到了楷书，形体变化很大，已完全看不出反"仄"的样子了。

汉字故事

弹丸之地 (dàn wán zhī dì)

战国时期，秦国出兵攻打赵国。两军交战后，赵军大败，请求议和。

秦国于是提出条件，要赵国割让六座城池当作讲和的条件。赵王心中焦灼，不知到底该怎么办。于是，赵王便向曾经担任过秦国丞相的赵人楼缓请教。楼缓说："秦国现在比我们强大，我们吃了败仗，还是割地求和吧。"

谋士虞卿回答说："楼缓说讲和，那么明年秦国再来攻打赵国，大王岂不是又要割让腹地给它来求和？那么现在即使割让六个城邑，又有什么好处！明年再来进攻，又把它的兵力所不能夺取的土地割让给它来求和。这是自取灭亡的做法，所以不如不求和。秦国即使善于进攻，也不能轻易地夺取六个县；赵国即使不能防守，终归也不会丧失六座城。秦军经过一场大战，已经疲惫不堪，不宜再攻，我们不能就这样割地。"

楼缓却说："这六座城池不过是弹丸之地，我们赵国牺牲它们，就可以换取来年的和平，为什么要在乎呢？"

双方争执不下，赵王最后听从了虞卿的意见。

知识密码

红丸案——

红丸案，为晚明三大疑案之一。泰昌元年，泰昌帝病重，李可灼进献红丸，自称仙丹。泰昌帝服后死去，有人怀疑是郑贵妃唆（suō）使下毒，旋即展开了一系列追查元凶的举动。

68 冰

字里乾坤

bīng

冰

趣话汉字

| 金文 | 小篆 | 楷体 |

冰,指事字。金文字形就是两个"人"字形的指事符号,表示在严寒之下突起的冰块。篆文变化较大,左边仍是突起的冰块形状,又在右边加了一个"水"字,表示冰是由水凝结而成的。最后,左边的"人"形变成了两点,也就成了今天看到的字形了。

汉字故事

卧冰求鲤
wò bīng qiú lǐ

晋朝有一个人叫王祥，他早年丧母，继母朱氏对他并不慈爱，经常在他的父亲面前数说王祥的是非。因为这个缘故，王祥失去了父亲的疼爱。

有一年冬天，继母朱氏生病了，非常想吃鲤鱼。但是，天气这么寒冷，河水都冻住了，根本无法捕捉鱼来吃。王祥见继母难受，便赤身卧在冰上，打算用自己的体温将冰融化。也不知过了多久，王祥正觉得自己慢慢失去知觉，忽然间冰就化开了，从裂缝处跃出两尾鲤鱼来。王祥非常高兴，就拿着鲤鱼回家供奉自己的继母。

继母知道这件事后，就像变了一个人，对王祥非常好。王祥的举动，在十里八村传为佳话，人们都称赞王祥是人间少有的孝子。有诗颂曰：继母人间有，王祥天下无；至今河水上，留得卧冰模。

知识密码

冰鉴——

古代的一种器物，可以把冰放在其中，用以冷藏食物。清代的曾国藩编写的一本相人的著作，书名也叫《冰鉴》。

69 疆

字里乾坤

jiāng

疆

趣话汉字

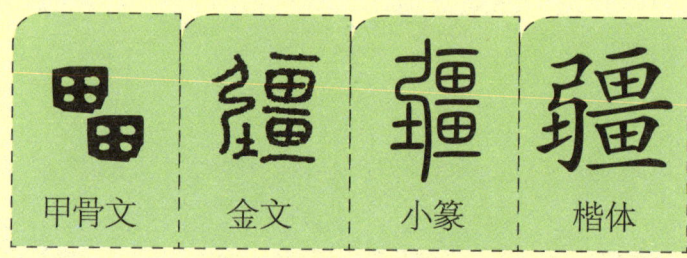

| 甲骨文 | 金文 | 小篆 | 楷体 |

疆，指事字。甲骨文就是两块"田"，上下错开排列，表示有田界。发展到金文后，在两块田地之间添加三道横线指事符号，突出"界线"，还在左边加上"弓"，表示以弓记步，即以弓来丈量土地，又加上"土"，强调这是自己的"领地"，字形开始定型。所以，疆就是广大领土的意思，我们说"保卫疆域"，就是要保卫自己的领土。

汉字故事

清朝封疆大吏
qīng cháo fēng jiāng dà lì

明代的都指挥使、布政使、按察使和清代的总督、巡抚总揽一省或数省的军政大权,类似于古代分封疆土的诸侯,因此称为封疆大吏。

清朝前期,将总督、巡抚正规化,但因为满汉矛盾导致的互相猜疑,朝廷始终不授予地方汉族官员以军政实权。统治者认为,只要掌握了八旗军,就能控制住全国局势。

清朝后期,八旗军在战争中暴露出严重的退化现象,尤其是太平天国运动,让朝廷看到了"垄断权力"的后果,他们开始放松一些权力给地方汉族官员,曾国藩、左宗棠、李鸿章、张之洞等人,都是在这种背景下登上历史舞台的。太平天国平定后,虽然地方军队名义上解散,收编到中央政府,但因为其组建来源是地方,加上这些将领们推行"洋务运动"有一定成效,其对军队的心理和财政控制力仍在。所以,这些人在被任命为地方大官之后,也可以称为一定意义上的"封疆大吏"。

知识密码

中国的疆界——

我国的疆界自古以来不断发生着变化,从《尚书·禹贡》里的九州到中华人民共和国的"雄鸡"形状,其间经过数千年。现今我国陆地面积约为960万平方公里。

70 凶

字里乾坤

xiōng

凶

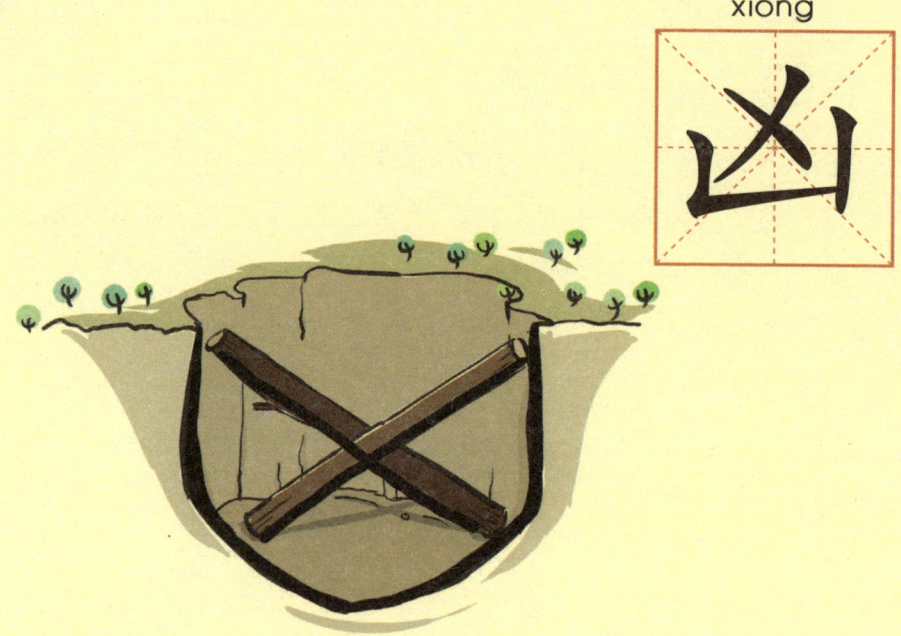

趣话汉字

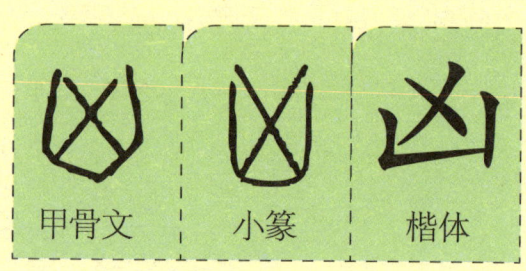

甲骨文　小篆　楷体

　　凶，指事字。甲骨文字形的外部就像是一个凹陷的坑，里面是一个叉形指事符号，表示这个坑是可以困住人的。篆文继承甲骨文字形，基本没有太大的变动，逐渐形成今天看到的字形。可以让人陷进去的陷阱就是"凶"，所以人们常常用"凶"来表示不好的事情，比如凶兆、凶险。

汉字故事

四大凶兽

在我国古代神话传说中，有"四大凶兽"之说，它们分别是饕(tāo)餮(tiè)、混沌、梼(táo)杌(wù)和穷奇。

饕餮是传说中龙的第五子，它羊身人面，目在腋下，虎齿人爪，声音如婴儿，是个贪食的恶兽。它凶猛、残忍，喜欢食人，并且食量很大，似乎永远不知道满足。

混沌是古代的凶神。传说它形状肥圆，像火一样通红，长有四只翅膀、六条腿，没有五官。它经常咬自己的尾巴并且傻笑。如果遇到高尚的人，混沌便会大肆施暴；如果遇到恶人，混沌便会听从他的指挥。正因它既混且乱，所以后世常常称是非不分之人为"混沌"。

穷奇的大小如牛，外形像虎，披有刺猬的毛皮，长有翅膀，叫声像狗，靠吃人为生。穷奇是中国传说中抑善扬恶的恶神，伤害好人，帮助坏人。所以，古人把那种远君子近小人的人称为穷奇。

梼杌也是上古凶兽，人面，虎足，猪口牙，它的特点是顽固不化，态度凶恶，是颛顼氏的不才子，最后也成了世间的大恶人。

知识密码

凶犁土丘——

古代传说中的山名。据说在涿(zhuō)鹿之战中，黄帝与蚩尤都用了神奇的动物参与战争，呼风唤雨，相持不下，最后黄帝请了天女魃(bá)来帮忙，止住了蚩尤的大雨，蚩尤大败，最后在凶犁土丘被杀。

71 歹

字里乾坤

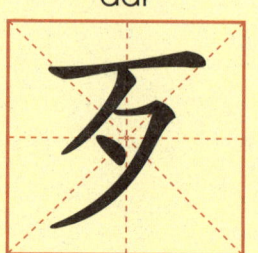

趣话汉字

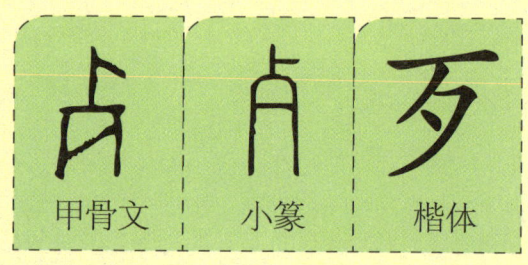

| 甲骨文 | 小篆 | 楷体 |

歹，指事字。甲骨文的上部是一个指事符号，表示骨头破碎的裂纹，下部像是死人的骨头。所以，"歹"就是指死人的残骨。篆文和楷书都继承甲骨文字形，基本没有什么变化。人只剩下残骨，这是一件令人难过的事，所以"歹"常用来表示坏人坏事，比如歹徒、歹事。

汉字故事

歹毒的妲己

商朝时,殷纣王讨伐有苏氏,最后征服了有苏氏。有苏氏为了求得和平,便献出美女妲己给纣王。纣王沉迷于妲己的美色,对她言听计从。妲己喜欢歌舞,纣王令乐师创作靡靡的音乐,在宫中朝夕欢歌。妲己伴着靡靡之音起舞,十分妖艳。于是,纣王荒废朝政,日夜宴游。

妲己是一个心性歹毒的女人,传说她喜欢观看"炮烙之刑",也就是将铜柱涂油,燃上火炭,然后让犯人在上面行走。犯人禁受不了高温,于是纷纷跌落到火红的炭中,不时发出惨叫声。妲己听到犯人的惨叫,就像听到刺激感官的音乐一样发笑。纣王为了博得妲己一笑,滥用重刑。

有一年严冬,妲己站在城上,看见有一人赤脚走在冰上。她觉得很奇怪,认为这个人的生理构造特殊,因此不怕冷。于是,她便叫纣王命人将那个人的双脚砍下来,研究那两只脚不怕寒冷的原因。

纣王的荒淫无道激起了人民的反抗。周武王乘机发动诸侯伐纣,在牧野之战中一举灭商,纣王逃到鹿台自焚,歹毒的妲己也被斩首了。

知识密码

歹话——

歹话指的就是坏话,也就是难听的话。譬如《红楼梦》第七十七回:"当下晴雯又因着了风,又受了哥嫂的歹话,病上加病,嗽了一日,才朦胧睡了。"

72 卒

字里乾坤

zú

趣话汉字

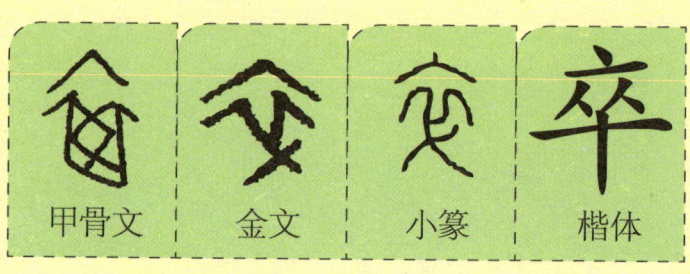

甲骨文　金文　小篆　楷体

　　卒，指事字。甲骨文字形是一件衣服，上面的"爻"形花纹为指事符号，表示这种衣服是特殊的。金文继承甲骨文字形，下部的一斜画也是表示特别标记。随着演变，最后楷书变成了中间是"从"，下面是"十"的字形。"卒"是古代供隶役穿的一种衣服，后来又用来表示士兵。

汉字故事

身先士卒的名将冯子材

晚清年间，太平军起义，生于广东钦州沙尾村的冯子材跟从向荣、张国梁的大军，一起镇压太平军。不久，天京陷落，太平天国起义失败，清廷于是大封"功臣"，冯子材也被赏穿黄马褂，封骑都尉世职。

1883年12月，法国侵略军悍然向驻扎在北圻的中国军队发起进攻，中法战争正式开始。1884年3月，北宁失守，前线指挥官、广西提督黄桂兰畏罪自杀。清政府手忙脚乱，匆匆调兵遣将之余，才想起熟悉边情的老将冯子材。

冯子材奉命整装出发，率军驻守镇南关。面对装备精良的法军，冯子材一点也不畏惧，他积极备战，誓与镇南关共存亡。值得一提的是，冯子材更身先士卒，手持长矛，长须飘飘，奋勇冲出，清军官兵见此情状，人人感奋，纷纷拿起武器勇猛地冲向法军阵地，与法军进行肉搏战。

经过两天的激战，法军全线崩溃，狼狈逃出镇南关，退到文渊。镇南关大捷是中法战争中的最后一次战役，年近七旬的老将冯子材，依靠高超的指挥艺术和广大爱国将士、民众的支持，打败了法军。

知识密码

马前卒——

马前卒指旧时在马前吆喝开路的兵卒差役，现在比喻那些没有目的地为人奔走效力的人。

73 匀

字里乾坤

yún

趣话汉字

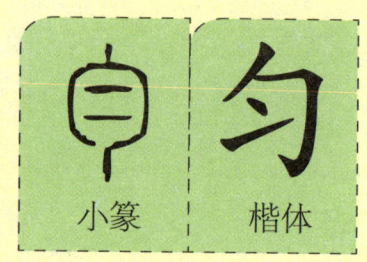

小篆　　楷体

匀，指事字。篆文字形的外部就像一个"勹"，表示曲形有所包裹的意思，而中间的两横是指事符号，表示所包不多、刚刚好的意思。楷书继承篆文字形，里面的两横变成两点，遂形成我们今天看到的"匀"字。

汉字故事

野人送朱樱
（yě rén sòng zhū yīng）

（唐）杜甫

西蜀樱桃也自红，野人相赠满筠(yún)笼。
数回细写愁仍破，万颗匀圆讶许同。
忆昨赐沾门下省，退朝擎(qíng)出大明宫。
金盘玉箸(zhù)无消息，此日尝新任转蓬。

译文：

春天，成都的樱桃也像北方一样红了，农夫给我送来了满篮子的新鲜樱桃。

我几次小心地把樱桃从篮中移置盘内，生怕碰破，还不住地惊叹这些樱桃竟然一般大小。

原来在门下省当官时，小心地捧着赏赐的樱桃出大明宫的画面又浮现在眼前。

往日的金盘玉筷如今早已远去，今天就放下漂泊之心，好好尝尝这新鲜的樱桃吧！

知识密码

匀面——

每天早晨起来，古代的妇女们都要用脂粉化妆，并用手搓脸，使脂粉匀净，这就叫匀面。然后再点上胭脂，白里透红，显得分外美丽动人。

74 幻

字里乾坤

huàn

幻

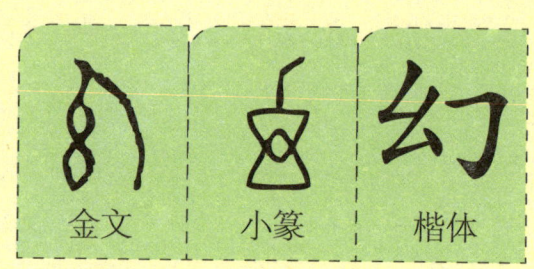

趣话汉字

| 金文 | 小篆 | 楷体 |

幻，指事字。金文字形的左边是一个"糸"形，代表蛛丝，在上面加一笔斜线指事符号，表示枝条。古人认为，搭在枝条上、若有若无的蛛网是无中生有、不断变化的，这就是"幻"。篆文继承金文字形。最后，到了楷书，字形才开始定型为今天看到的样子。

汉字故事

梦中幻境华胥国
（mèng zhōng huàn jìng huá xū guó）

传说，黄帝即位十五年后，因受到普天下爱戴而沾沾自喜，就一心娱乐耳目，结果弄得面色焦黄，憔悴不堪，头昏眼花。又过了十五年，他因社会的动乱而忧心忡忡，就竭尽聪明才智管理百姓，结果还是弄得面色焦黄，憔悴不堪，头昏眼花。

有一天，他白天睡觉时，做了一个梦，梦见自己在华胥氏之国漫游。华胥氏之国不知道距离中原几千万里路，不是舟车脚力所能到达的。这个国家没有君主长官，一切听其自然；人民没有嗜好欲望，一切听其自然。他们不知迷恋生存，不知讨厌死亡，所以没有夭亡；不知偏爱自己，不知疏远外物，所以没有爱憎情感；不知违背，不知顺从，所以没有利害；他们没有什么偏爱，没有什么畏惧，投入水里不会淹死，跳进火中不感灼热，刀砍鞭打无伤痛，指甲搔挠无痛痒，升到天上如同脚踏实地，睡在虚空好似躺在床榻，云雾不能妨碍他们的视线，雷霆不能扰乱他们的听觉，美恶不能迷惑他们的心境，山谷不能绊倒他们的脚步。

黄帝梦醒，才知道刚才所看到的一切，都是梦中幻境。

知识密码

中国古代的幻术——

幻术是一种虚而不实，假而似真的方术。中国古代的幻术有许多，如穿着衣服在火中走、空竿变鱼、隔物透视、意念取物、不畏寒暑、米变金鱼、灯上现龙、烧纸现字、碎扇还原、耳边听字等。

75. 逆

字里乾坤

nì 逆

趣话汉字

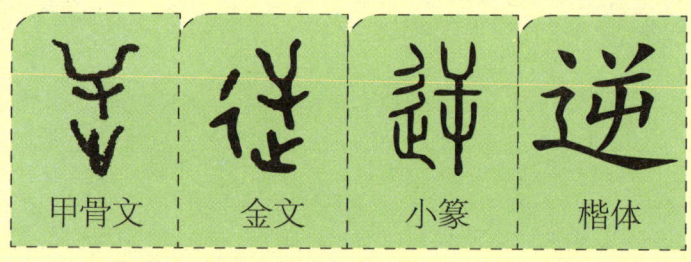

| 甲骨文 | 金文 | 小篆 | 楷体 |

逆，指事字。甲骨文字形的上面是一个脚朝上头朝下的人形，下面是"止"。朝着与自己相反的方向走去，这就是叛逆的"逆"。金文和篆文继承甲骨文字形，只是在左边加了一个表示行动的符号。最后，到了楷书，表示行动的部分变成了"辶"，字形定型。

汉字故事

大逆不道（dà nì bù dào）

秦朝灭亡以后，刘邦和项羽展开了长达5年的楚汉战争。

有一天，项羽在阵前向刘邦喊话，要与他决一雌雄。刘邦回答说："我开始与你都受命于楚怀王，约定先定关中的为王。但是我先定关中后你却负约，让我到巴蜀去当汉王。这是你的第一条罪状。你在去救援赵军的途中，杀死上将军宋义，自称上将军，这是你的第二条罪状。你违抗怀王命令，擅(shàn)自劫持各诸侯的兵马人员，这是你的第三条罪状。"

接着，刘邦又揭露项羽烧毁秦宫，掘开秦皇坟墓，搜刮财物，杀死投降的秦王子婴，活埋二十万秦国百姓，杀害义帝等罪状。刘邦说："你作为臣子而杀死君王，又杀害已经投降的人，为政不平，对订立的约定不讲信义，为天下所不容，属于大逆不道。你犯下如此大罪，我兴仁义之兵来讨你这个逆贼，你还有什么面目向我挑战！"

后来，人们便用"大逆不道"来形容不符合封建统治者的道德标准和宗法观念的极端叛逆行为，以及给起来造反的人所加的罪名。现在，也用来指不合某种观念和道德标准的行为。

知识密码

莫逆之交——

莫逆之交指非常要好或情投意合的朋友。出自《庄子·大宗师》："三人相视而笑，莫逆于心，遂相与为友。"

二

èr	táo	shā	sān	shì
二	桃	杀	三	士
二	桃	杀	三	士

 百

bǎi	fā	bǎi	zhòng	bǎi	fā	bǎi	zhòng
百	发	百	中	百	发	百	中
百	发	百	中	百	发	百	中

 天

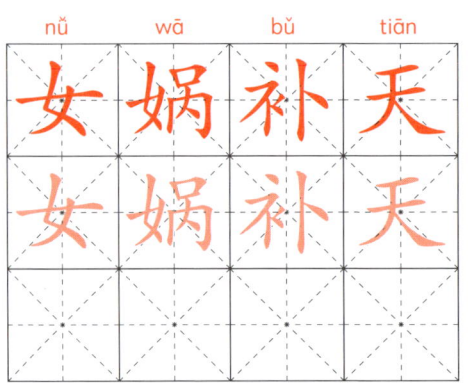 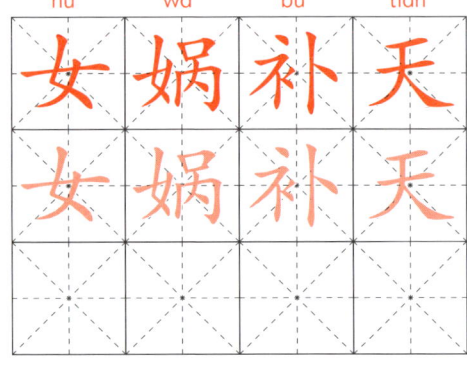

| shào | xiǎo | lí | jiā | lǎo | dà | huí |

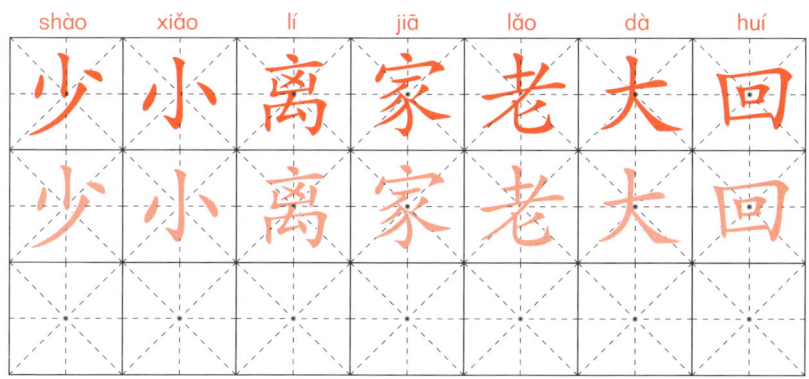

 生

chū	shēng	niú	dú	bù	pà	hǔ
初	生	牛	犊	不	怕	虎
初	生	牛	犊	不	怕	虎

tóng	gān	gòng	kǔ		tóng	gān	gòng	kǔ
同	甘	共	苦		同	甘	共	苦
同	甘	共	苦		同	甘	共	苦

chǐ	yǒu	suǒ	duǎn		cùn	yǒu	suǒ	cháng
尺	有	所	短		寸	有	所	长
尺	有	所	短		寸	有	所	长

乔

chū	zì	yōu	gǔ	qiān	yú	qiáo	mù
出	自	幽	谷	迁	于	乔	木
出	自	幽	谷	迁	于	乔	木

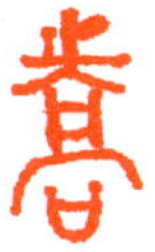

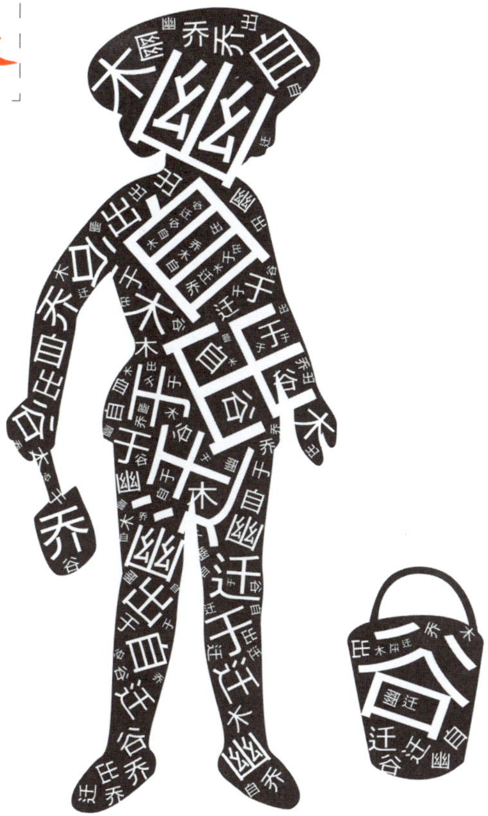

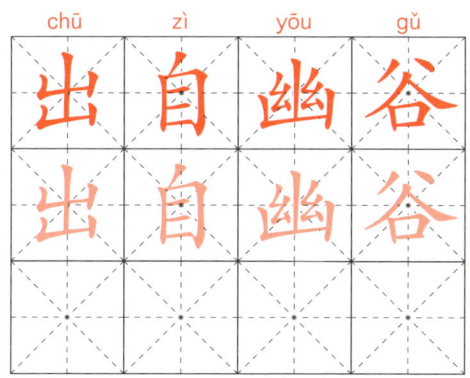

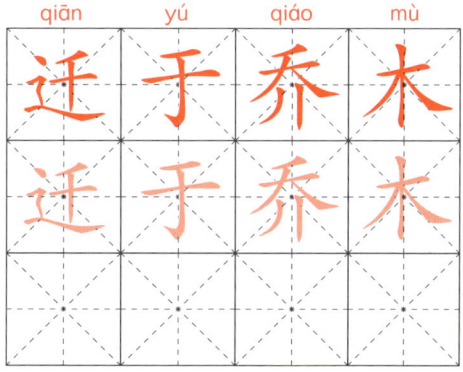

 牵

qiān	lǐ	yīn	yuán	yī	xiàn	qiān
千	里	姻	缘	一	线	牵
千	里	姻	缘	一	线	牵

bīn	zhì	rú	guī		bīn	zhì	rú	guī
宾	至	如	归		宾	至	如	归
宾	至	如	归		宾	至	如	归

jǐ	suǒ	bù	yù		wù	shī	yú	rén
己	所	不	欲		勿	施	于	人
己	所	不	欲		勿	施	于	人

jiāo	bīng	bì	bài		jiāo	bīng	bì	bài
骄	兵	必	败		骄	兵	必	败
骄	兵	必	败		骄	兵	必	败

gōng	kuī	yī	kuì
功	亏	一	篑
功	亏	一	篑

gōng	kuī	yī	kuì
功	亏	一	篑
功	亏	一	篑

wò	bīng	qiú	lǐ		wò	bīng	qiú	lǐ
卧	冰	求	鲤		卧	冰	求	鲤
卧	冰	求	鲤		卧	冰	求	鲤

使用说明：

1. 涂色。描红本图像中填充的文字是白色的，可以自由涂色。
2. 描红。描红本中有描红田字格，可以在田字格中描写文字。

涂色大赛：

1. 参加涂色大赛的小朋友，请首先关注我们的公众号。
2. 请在2016年6月1日前将涂好色的图片发至公众号后台，
   或者发到邮箱 xiaodouyadushu@163.com。
3. 我们将会为收到的作品举办微信投票活动。
4. 收获票数最多的前三名，将会获得我们提供的精美礼品一份。

关注我们的微信
参加涂色大赛吧